Joseph M. Stowell

Nur Jesus zählt

In seiner Nähe leben
und seine Liebe weitergeben

JOSEPH. M.
STOWELL

NUR JESUS ZÄHLT

*Seine Nähe erleben,
seine Liebe weitergeben*

Bibelzitate nach der Revidierten Elberfelder Übersetzung, R. Brockhaus Verlag, Wuppertal und Zürich

Stowell, Joseph M.
Nur Jesus zählt
In seiner Nähe leben
und seine Liebe weitergeben

ISBN 978-3-89436-608-7

Originally published in English under the title
Simply Jesus and You by Joseph Stowell

Published by Multnomah Books, a division of Random House, Inc.
12265 Oracle Boulevard, Suite 200
Colorado Springs, Colorado 80921 USA

All non-English language rights are contracted through:
Gospel Literature International
P.O. Box 4060, Ontario, California 91761-1003 USA

This translation published by arrangement with Multnomah Books,
a division of Random House, Inc.

Christliche Verlagsgesellschaft mbH, Dillenburg
www.cv-dillenburg.de
Übersetzung: Christiane Eichler, München
Satz: Enns Schrift & Bild, Bielefeld
Umschlaggestaltung: Jake Wyman/Getty Images; CV Dillenburg
Druck: CPI Moravia, Pohorelice

Printed in Czech Republic

Inhalt

Teil 1: Es geht nur um ihn 7

Kapitel 1: Jesus erfahren 13
Kapitel 2: Ich würde Jesus wählen 21
Kapitel 3: Ich oder du? 27
Kapitel 4: Medaillen 33
Kapitel 5: Auf dem Zaunpfahl 39
Kapitel 6: Der höchste Wert 47
Kapitel 7: Erlöse uns von dem Bösen 59
Kapitel 8: Das Problem mit der Nähe 67
Kapitel 9: Erfüllende Hingabe 75

Teil 2: Jesu Sprache der Liebe 85

Kapitel 10: Die ultimative Frage 91
Kapitel 11: Bereit zu kündigen 101
Kapitel 12: Augenblick der Entscheidung 109
Kapitel 13: Den Ruf (erneut) annehmen 117
Kapitel 14: Wichtig nehmen, was ihm wichtig ist 129
Kapitel 15: Priorität Menschen 137
Kapitel 16: So viele Menschen, so wenig Zeit 145

Jesus und Sie ... gehen auf ein Ziel zu 157

Teil 1

Es geht nur um ihn

Zweifellos hat Jesus mehr Aufmerksamkeit und Interesse auf sich gezogen, als irgendjemand sonst, der jemals die Luft dieses Planeten geatmet hat.

In diesem Augenblick ist der Name Jesu *das* zentrale, lebenswichtige Thema in Millionen von Häusern, Wohnungen, auf Arbeitsplätzen, auf jedem Kontinent und in jedem Land.

Jesus – der *echte* Jesus – spricht die inneren Sehnsüchte jedes Herzens an. Er bietet uns Kraft für heute und strahlende Hoffnung für morgen. Ja, er hat behauptet, dass er genau deshalb gekommen ist.

Er verbessert nicht nur das Leben, er tauscht es aus. Er ersetzt das zeitliche biologische Leben durch das ewige Leben, das nie aufhört. Er streicht nicht nur die Hölle, er garantiert den Himmel.

Deshalb ist es kein Wunder, dass wir anfangen, all die wunderbaren Sachen aufzuzählen, die er für uns tun wird, wenn wir daran denken, eine Beziehung zu ihm aufzubauen. Was für eine Liste! Vergebung, Friede, ein Ziel, Führung – das sind für jeden attraktive Angebote! Wenn wir endlich den Nebel des Stolzes durchdringen, der uns zu dem Gedanken verführt, dass wir unser Leben schon selbst führen könnten, dann ist die erste Person, die wir in dem Flecken blauen Himmels sehen, Jesus. Eine unwiderstehliche Möglichkeit? Nein, eindeutig eine Notwendigkeit.

Aber was heißt das wirklich, eine Beziehung zu Gottes Sohn einzugehen? Was bedeutet es, ihn in unser Leben einzuladen?

Wird er zu einer von einem halben Dutzend Problemlösungs-Strategien, auf die wir in Krisenzeiten zurückgreifen? Oder zu einer der vielen Quellen, die wir zu unterschiedlichen Zeiten in unser Leben einbauen, um es zu all dem zu machen, was wir uns davon erhoffen?

Er ist mehr als das. So viel mehr.

Er ist Gott ... der Eine, für den wir in erster Linie geschaffen wurden. Er ist der kommende König einer neuen ewigen Regierung, und wir haben das unaussprechliche Vorrecht, ihm als frohe

Untertanen des heraufziehenden neuen Tages zu dienen. Und wenn wir ihn völlig verstehen, dann erkennen wir, dass *ausschließlich* er die Antwort auf all unsere Bedürfnisse und Wünsche ist.

In der Beziehung zu Jesus geht es nicht nur um uns. Es geht um ihn. Er starb nicht, damit wir uns für seine Sache einsetzen oder seine Waren verhökern. Er starb für dich, weil er dich liebt, und weil er versucht, uns in einer wachsenden und befriedigenden Gemeinschaft mit ihm willkommen zu heißen. Und innerhalb der Grenzen dieser Gemeinschaft überschüttet er uns gnädig und großzügig mit allen Segnungen und Vorteilen, die nur er zu bieten hat.

Vielleicht wussten Sie all das.

Wahrscheinlich sogar.

Aber irgendwie ... scheint alles in den Ablenkungen und Zerrbildern eines Lebens nach unseren eigenen Vorstellungen unterzugehen. Wir glauben, dass wir Jesus brauchen ... und Geld. Jesus und einen guten Job. Jesus und Freunde. Jesus und einen Ehepartner. Jesus und ein gutes Selbstbild. Jesus und Spaß. Und deshalb endet alles damit, dass wir allem hinterherrennen – außer ihm. Wir wissen, dass wir »ihn haben« und dass er unser Leben in der Ewigkeit gesichert hat. Und nun singen wir ihm den einen oder anderen Lobpreis-Song und geben ab und zu etwas in den Klingelbeutel, aber dann gehen wir weiter, um *das* Leben zu erhaschen, das *wir* gerne hätten.

Lassen Sie mich ganz schnell dazu sagen, dass Jesus nichts dagegen hat, wenn Sie Geld, Freunde, einen Ehepartner und Spaß haben. *Jede* gute Gabe kommt von oben, sagt uns Jakobus. Es geht einfach darum, dass Sie keine persönliche Erfahrung der Art haben können, wie er sie uns bietet, wenn Ihre persönlichen Pläne um den Platz der »ersten Liebe« in Ihrem Herzen kämpfen.

Noch schlimmer, wenn wir versuchen, konsequent und effektiv als Nachfolger Jesu zu leben, dann kann das, wenn wir nicht vorsichtig sind, sich gegen uns selbst kehren. Wenn unser Christentum sich durch die Grenzen definiert, die Regeln, Lehren und kirchliche Traditionen ziehen, dann werden wir schnell verführt, zu glauben, dass das Wesen unserer Beziehung zu Jesus darin besteht, in den Grenzen dessen zu bleiben, was wir einen »guten Christen« nennen.

Und das ist falsch.

Es ist sogar meilenweit von der Wahrheit entfernt.

Nichts könnte ferner von der Realität sein, was es bedeutet, Jesus in seiner Fülle in unserem Leben zu erfahren.

Paul Heibert sagt, dass Christentum für die meisten von uns bedeutet, innerhalb der Grenzen zu bleiben. Er stellt dies in Frage und erklärt als das wirkliche Wesen des Christentums, dass Jesus im Mittelpunkt von allem steht. Ein echter Christ – der zwar die Grenzen respektiert und einhält – strebt danach, dass seine persönliche Beziehung zu Jesus Christus sich vertieft.

Wenn es in unserem Glauben nur um Regeln und Vorschriften geht, dann wird unser Christsein institutionalisiert, es basiert nur noch auf Aktionen und Leistung, und damit wird es zur Last.

Es wird auch L-A-N-G-W-E-I-L-I-G.

Wenn das geschieht, dann wird die Verlockung der aufregenderen Möglichkeiten fürs Leben groß und verführerisch und wendet unser Herz von Jesus Christus ab.

In meinem Eheleben habe ich viele Dinge für Martie getan. Ich habe versucht, ein guter Ehemann zu sein. Ich habe Windeln gewechselt, abgewaschen, Zimmer gesaugt, Socken aufgehoben und wer weiß wie viele andere Sachen getan. Und wenn Martie mich fragt, warum ich all dies für sie tue, dann schaue ich ihr so tief wie möglich in die Augen und versichere ihr, dass ich all das tue, weil ... ich mich der Institution Ehe verpflichtet weiß.

Richtig? Amen?

Nicht wirklich.

So wichtig die Institution Ehe sicherlich ist, ich tue all diese Dinge als Ehemann, weil ich meine Frau liebe, und sie mit dieser Liebe zutiefst glücklich machen möchte.

Für mich ist die Ehe keine Struktur, die irgendetwas unterstützt ... sie ist eine Beziehung, die ich pflege und genieße.

Und genauso ist das mit Jesus!

Das ist sogar genau die Weise, wie die meisten von uns dieses Abenteuer des Glaubens an ihn begonnen haben. Er und seine Liebe zu uns haben unser Herz gewonnen. Wir fanden, dass er so wunderbar überzeugend ist, und wollten ihn immer besser kennenlernen.

Und das waren gute Zeiten. Herrliche Zeiten.

Aber irgendwie, während wir dabei waren, ihm nachzufolgen – aus welchem Grund auch immer –, sind wir in eine Umlaufbahn um ihn geraten. Und Jesu Umlaufbahn ist sicherlich nicht schlecht. Wir behalten ihn im Auge und bemerken, dass andere sich in entfernteren oder näheren Umlaufbahnen zu ihm bewegen. Wir sind noch immer in seinem Universum, immer noch im Bereich seines Lichtes und seiner Liebe.

Aber eine Umlaufbahn bedeutet, dass man eine bestimmte Distanz einhält. Eine Distanz, die uns schützen soll. Denn wir wissen, dass er – würden wir näher kommen – vielleicht unseren bevorzugten Lebensstil herausfordern oder gar bedrohen könnte.

Aber Jesus sieht aus der Entfernung nicht besser aus.

Und Umlaufbahnen im All können einsam und schrecklich leer sein.

Es ist viel befriedigender, näher an Jesus dranzusein.

Deshalb: Herzlich willkommen zurück in der Nachfolge! Das ist ein Abenteuer, das Sie nicht bereuen werden. Wenn Ihr Herz Ihnen sagt, dass mehr an der Nachfolge Jesu sein muss, als in sicherer Entfernung im Glanz seiner Umlaufbahn zu leben, dann haben Sie Recht.

Nehmen Sie das Risiko auf sich ... und gehen Sie in seine Fülle ein.

1. KAPITEL

JESUS ERFAHREN

Paulus sagte, es sei das größte Ziel seines Lebens Jesus zu erfahren – wie ist das bei Ihnen?

Als meine Assistentin mir sagte, dass ich ins Weiße Haus eingeladen sei, schlug mein Herz ein wenig schneller.

Vielleicht begegne ich dem Präsidenten.

Wie jeder andere habe ich viel über ihn gelesen und ihn unzählige Male auf Bildern oder im Fernsehen gesehen. Ich habe seine politische Karriere mit etwas mehr als gelindem Interesse verfolgt. Ich habe ihn sogar gewählt. Wenn jemand fragen würde, ob ich viel über ihn weiß, könnte ich sicherlich eine ziemlich ausführliche Beschreibung seines Hintergrunds, seiner politischen Philosophie und seiner Pläne bringen.

Aber das hier war etwas ganz anderes.

Ich stand kurz davor, ihn wirklich zu erleben. Persönlich.

Ich trug meinen besten marineblauen Nadelstreifenanzug mit gestärktem Hemd und angemessener Krawatte, und ich habe mir am Flughafen noch die Zeit genommen, meine Schuhe professionell polieren zu lassen. Ich konnte mich kaum zurückhalten, dem Mann zu meinen Füßen zu sagen: *Machen Sie Ihre Aufgabe gut, denn diese Schuhe gehen gleich ins Weiße Haus*.

Ehrfurcht erfüllte mich, als ich in das großartige Foyer der Residenz unseres Präsidenten kam. *Dies sind wirklich die Hallen der Macht*, sagte ich mir. *Hinter den verschlossenen Türen genau dieses Hauses wurden Kriege erklärt und Geschichte gemacht*.

Ich fand mich auf einem Platz in der ersten Reihe des Ostzimmers sitzend wieder, als eine Kommandostimme der kleinen, schweigenden Versammlung ankündigte: »Meine Damen und Herren, der Präsident der Vereinigten Staaten.« Wir erhoben uns, als er flott hereinkam und seinen Platz auf dem niedrigen Podium einnahm. Ich konnte meine Augen kaum von ihm abwenden. Ich war in seiner Gegenwart und merkte, dass mich jede seiner Bewegungen faszinierte. Später, in einer sehr kurzen Unterhaltung, war ich erstaunt, wie engagiert er erschien. Wenn es auch nur für einen Augenblick war, er schaute mir in die Augen und schenkte mir seine Aufmerksamkeit.

Ehrlich gesagt, werde ich unseren Präsidenten nie mehr so sehen wie vorher, nachdem ich nun die Wirklichkeit seiner Gegenwart erfahren habe. Ich ging mit dem Wunsch weg, ihn besser kennenlernen zu können.

Auf meinem Weg nach Hause kam mir der Gedanke, dass meine Erfahrung mit dem Präsidenten ganz ähnlich ist wie unsere Beziehung zu Jesus. Wir können viel über ihn wissen, oder wir können das Vorrecht einer persönlichen Begegnung genießen. Das Beste daran ist, dass wir schon eingeladen sind, ihn persönlich zu erleben. Wir haben die Wahl, wie wir darauf reagieren wollen. Diese Wahl bedeutet für uns den Unterschied zwischen »Religion wie immer« oder Zufriedenheit in der Beziehung zu Jesus – zu dem Einen, an dem uns zu erfreuen wir geschaffen worden sind.

Wir alle wissen, wer Jesus ist. In den letzten zweitausend Jahren hat keine andere Einzelperson den Menschen so viel Aufmerksamkeit, Ehre und Respekt abverlangt. Unsere gesamte westliche Zivilisation – von ihren Gesetzen bis hin zur Ethik – ist durch seine Lehren gezeichnet und geformt worden. Über zwei Jahrtausende lang haben sich die großartigsten Kunstwerke auf sein Leben, seinen Tod und seine Auferstehung konzentriert. Musikalische Meisterwerke haben dauerhaft seinen Wert und seine Herrlichkeit gefeiert. Aber für diejenigen, die persönlich die befreiende Realität seiner Vergebung der Sünde und der Hoffnung auf die Ewigkeit angenommen haben, ist er so viel mehr.

Oder ... zumindest sollte er es sein.

Wir predigen und lehren seinen Willen und seine Wege, wir erzählen die Jesus-Geschichten aus dem Gedächtnis, wir feiern ihn durch Anbetung und dienen ihm mit Begeisterung. Doch bei all dem (wenn wir wirklich ehrlich sind) haben wir das nagende Gefühl, dass doch etwas ... nun, sagen wir, mehr an dieser Beziehung dran sein müsste.

Warum fühlt er sich so häufig so weit weg an? So historisch? So kirchlich? Oder anders? Der Abstand zwischen dem Wissen über ihn und der persönlichen Erfahrung ist riesig. Und der Raum zwischen diesen beiden Erfahrungen trennt Zuschauer und intensive Teilhaber.

Denken Sie sorgfältig nach. Ich kann ziemlich sicher sein, dass Sie, wenn Sie dieses Buch lesen, zumindest *etwas* über ihn wissen. Sie kennen Teile seiner Biografie und der historischen Daten.

Es mag sein, dass Sie in Ihren lichteren Augenblicken sogar ein wenig über theologische Fragen diskutieren können. Doch wie beeindruckend Ihr Wissen über Jesus auch immer ausfallen mag, die unglückliche Realität lautet, dass die meisten unter uns dabei stehen bleiben. Wir sind scheinbar damit zufrieden, dass das Wissen über ihn reicht, und haben keine Ahnung, dass es mehr gibt.

Und es gibt mehr.

Der Gedanke an den tiefen Reichtum, der auf diejenigen wartet, die vom bloßen Wissen dahin kommen, Jesus Christus wirklich zu erfahren, ist uns entweder einfach entgangen oder – noch schlimmer – ist von uns in die vagen Regionen religiösen Wunschdenkens verbannt worden.

Wenn das Ihre Geschichte ist, dann machen Sie sich bereit.

Das Beste kommt noch.

Jesus möchte, dass Sie die Freude und den beruhigenden Frieden seiner Gegenwart inmitten Ihres Lebens erfahren. Er möchte mehr sein als nur ein weiterer Band Ihrer Enzyklopädie biblischer Fakten. Er starb nicht für Sie, nur um einen Handel abzuschließen, der Ihnen den Himmel garantiert. Er starb für Sie, um Sie zu seinem Eigentum zu machen, und um Ihnen das unaussprechliche Vorrecht zugeben, immer besser mit ihm vertraut zu werden.

Wie Paulus den ersten Jüngern Jesu schrieb: *»Gott ist treu, durch den ihr berufen worden seid in die Gemeinschaft seines Sohnes Jesus Christus, unseres Herrn«* (1Kor 1,9).

Und wenn wir daran denken, dass Jesus diese Einladung an alle ausspricht, die bereit sind, darauf zu reagieren.

»Siehe, ich stehe an der Tür und klopfe an; wenn jemand meine Stimme hört und die Tür öffnet, zu dem werde ich hineingehen und mit ihm essen, und er mit mir« (Offb 3,20).

Das ist unvergleichlich besser als eine Einladung ins Weiße Haus. Der ewige Gott des Universums hat uns zur Gemeinschaft berufen – zur Freundschaft, zur Kameradschaft, zum engen Kontakt – mit seinem Sohn. Jesus wollte nie nur eine Beziehung zu Ihrem Kopf. Er lebt dafür, dass er eine Beziehung zu Ihrem gesamten Ich bekommt. Ja, er sandte uns sogar den Heiligen Geist, um die totale Verbindung möglich zu machen, und er gab uns sein Wort, um uns den Weg zu zeigen. Und ganz gleich, wer Sie auch sind oder wie Sie sich entschlossen haben, Ihr Leben zu führen, Sie können die Freude seiner Gegenwart kennenlernen.

Ganz nah und persönlich.

Und falls Sie nun denken, dass es bei einer engeren Beziehung darum geht, irgendwie eine straffe morgendliche Routine einzuführen, eine ermüdende, aber wichtige religiöse Übung abzuhalten, dann denken Sie noch einmal nach. Zwar sind regelmäßiges

Bibellesen und die Kultivierung eines Gebetslebens unverzichtbar, aber es steckt viel mehr hinter einer persönlichen Erfahrung mit Jesus.

- Es geht um das tiefe und ständige Gefühl seiner Nähe auf dem Lebensweg.
- Es geht um unerschütterliches Vertrauen, das nur seine ständige Gegenwart schenken kann.
- Es geht um Mut angesichts ansonsten beängstigender Begegnungen.
- Es geht um den Zugang zu Weisheit und zuverlässiger Führung.
- Es geht um die Nähe, die es Ihrem Geist ermöglicht, mit ihm zu kommunizieren, ganz gleich wo und wann.
- Es geht darum, ihm an Orten zu begegnen, von denen Sie vielleicht nie geträumt hätten – in der stärksten Versuchung, inmitten des Leids und in entschlossener Hingabe.

All das hat einen wunderbaren Aspekt, der über unser Denken und Verstehen hinausgeht. Man kann ihn kaum in Worte fassen. Man kann ihn nicht in ein Paket packen, das man mit einer roten Schleife zubindet. Und wenn man versucht, ihn ganz zu definieren, dann setzt man diesen Aspekt herab.

Jesus ist nie vorhersehbar. Er steht nur immer zur Verfügung. Er spielt mit uns kein Verstecken. Ja, er belohnt sogar beständig jeden, der ihm unablässig nachfolgt (Hebr 11,6). Aber für viele unter uns scheint das Schmecken dieser Belohnung so illusorisch. Könnte es sein, dass wir einfach nicht wissen, wie wir ihn suchen sollen und wo wir ihn finden können?

Ich werde nie die frustrierende Erfahrung vergessen, die ich eines frühen Sonntagmorgens machte, als ich eine ältere Verwandte vom Bahnhof abholen sollte, die mit dem Zug von Milwaukee nach Chicago kam. Der ganze Zweck dieser Übung war es, sie zu finden und sie sicher in unser Haus zu bringen. Ich tauchte zur rechten Zeit auf – aber wo war sie? Sicherlich nicht da, wo ich es vermutete. Ich schaute auf die Anzeige, und der Zug war schon angekommen. Mit einem unguten Gefühl im Bauch durchkämmte ich in der Einsamkeit des frühen Morgens den Bahnhof nach ihr – ohne Ergebnis.

Ich war schon fast dabei zu gehen, als ich zufällig einen Blick in einen Gang zur Gepäckannahme warf. Da war sie, ihr Gepäck zu ihren Füßen und wartete geduldig darauf, dass ich kam. Sie war die ganze Zeit dort gewesen. Und zu meiner Verärgerung war sie genau da, wo sie hätte sein sollen! Ich hatte an allen falschen Stellen nach ihr gesucht.

Die großartige Nachricht lautet, dass Jesus da ist und geduldig auf uns wartet. Ja, er wartet nicht nur, sondern er geht Ihnen auch gerade jetzt intensiv nach. Die Tatsache, dass Sie dieses Buch lesen, ist kein Zufall. Es ist ein weiterer seiner unzähligen Versuche, Ihre Aufmerksamkeit zu erlangen.

Es ist Zeit, die Beziehung herzustellen.

Die folgenden Zeilen aus der Bibel haben in letzter Zeit mein Herz ergriffen. Übergehen Sie sie nicht. Lassen Sie Ihre Gedanken nicht abschweifen. Wenn Sie wirklich Jesus erfahren wollen, dann müssen Sie diese Worte langsam und nachdenklich lesen, bis sie Ihr Herz erreicht haben.

»Aber dies alles, was ich für einen Vorzug hielt, habe ich um Christi willen für Verlust geachtet, ja tue es noch heute angesichts dessen, was ich an überragenden Erkenntnissen bei meinem Herrn Jesus Christus gewonnen habe. Um seinetwillen habe ich das alles drangegeben, es ist ein Unrat in meinen Augen. Es ist mir nur um dies eine zu tun: diesen Christus zu gewinnen und in ihm erfunden zu werden. Ich habe nun keine eigene Gerechtigkeit mehr, die ich mir etwa auf Grund menschlicher Leistungen zurechnen könnte; ich kenne nur eine Gerechtigkeit, die Gott mir schenkt durch das Vertrauen auf Christus. **Ich möchte nur eins: ihn immer besser erkennen, die Kraft seiner Auferstehung erfahren** *und auch an seinen Leiden teilha-*

ben. Ich will ihm auch gern im Sterben gleich werden, wenn ich nur bei der Auferstehung aus den Toten dabei sein darf« (Phil 3,7-11, Bruns; Hervorhebung durch den Verfasser).

Mehr als jeder andere Verfasser schreibt Paulus äußerst leidenschaftlich über das Thema, Jesus zu erfahren, ihn kennenzulernen. Das war sein einziges Ziel im Leben.

Alles andere wurde nebensächlich – Unrat – verglichen damit, Gottes Sohn zu kennen. Und in diesem Text, in dem er davon spricht, alles aufzugeben, um Jesus zu erkennen, benutzt er das griechische Wort, das *erkennen durch eigene Erfahrung* bedeutet.

Aber nun ein Gedanke, der mich aufhorchen ließ. Paulus hatte Jesus schon auf dramatischere Weise erfahren als jeder vor oder nach ihm. Auf dem Weg nach Damaskus erschien Jesus dem Paulus in einem weißen Lichtglanz und sprach persönlich mit ihm. Etwas später fand sich Paulus in den dritten Himmel entrückt, wo er Jesus für längere Zeit ganz persönlich erfahren durfte.

Doch was wollte Paulus von ganzem Herzen?

Er wollte mehr.

Er war noch immer so von Jesus eingenommen, dass der gesamte Schwerpunkt seines Lebens darin bestand, mehr von ihm zu erfahren. Was nur beweist, dass man von ihm nie genug bekommen kann, wenn man erst einmal auf den Geschmack gekommen ist. Wenn man Jesus erfahren hat, dann verblassen im Vergleich dazu auch die größten Schätze.

Fragen Sie sich, ob das für Sie gilt? Fragen Sie nicht weiter. Er steht vor der Tür Ihres Herzens und möchte hereinkommen, um mit Ihnen ernsthaft Gemeinschaft zu pflegen.

2. Kapitel

Ich würde Jesus wählen

Wenn Sie wählen müssten zwischen Jesus und etwas, das für Sie sehr wertvoll ist, einem verführerischen Traum oder einem verlockenden Wunsch, dann frage ich mich, ob Sie Jesus Christus wählen würden?

Das Essen war gerade vorbei, als ich mich hinüberlehnte und Billy Graham die Frage stellte, die mir schon den ganzen Abend auf der Zunge brannte.

Martie und ich saßen bei einem Abendessen für die Mitarbeiter und Leiter seiner Organisation neben ihm. Billy war zu dieser Zeit achtzig. Er war bei klarem Verstand und die Unterhaltung interessant. Ich wollte gern wissen, was die höchste Freude in seinem Leben gewesen sei, und fragte: »Welche von allen Erfahrungen Ihrer Dienstes haben Sie am meisten genossen?«

Und dann sagte ich schnell – ich dachte, ich helfe ihm ein bisschen mit meiner Antwort –: »War das die Zeit, die Sie mit Präsidenten und anderen hohen Politikern verbracht haben? Oder vielleicht ...«

Aber ehe ich den nächsten Satz zu Ende hatte, wischte Billy mit seiner Hand über die Tischdecke, als wolle er meine Vorschläge zu Boden wischen.

»Nichts davon«, sagte er. »Die weitaus größte Freude meines Lebens war und ist meine Gemeinschaft mit Jesus. Ihn zu hören, wenn er zu mir spricht, seine Leitung, seine Gegenwart zu spüren und die Kraft, die er durch mich ausübt. Das war und ist die größte Freude meines Lebens!«

Das war eine spontane Antwort, nicht vorher zurechtgelegt oder einstudiert.

Er überlegte gar nicht lange.

Mit einem Leben voller großartiger Erlebnisse, die hinter ihm lagen, und seinem weltweiten Ruhm, war es einfach nur Jesus, an den er dachte und der in seinem Herzen wohnte. Seine lebenslange Erfahrung mit Jesus hatte ihre Spuren hinterlassen, und Billy war zufrieden damit.

Ich fand Billy Grahams Aussage an diesem Abend mehr als überzeugend. Ich fand sie motivierend – bis ins Innerste meines Wesens. Mit aller Macht möchte ich erfahren, was er erfahren hat. Ich merkte, wie mein Herz sagte: *»Wenn ich es bis achtzig schaffe, dann möchte ich dasselbe sagen können.«*

Noch viel mehr wünscht man sich das, wenn man über die Geschichte von Chuck Templeton nachdenkt. Tempeltons Name war in den Familien der fünfziger und sechziger Jahre fast sprichwörtlich. Er war Pastor in einer der größten Gemeinden Torontos und half, zusammen mit seinem engen Freund Billy Graham, die Organisation »Jugend für Christus« in Kanada zu gründen. Seine außerordentliche Fähigkeit, das Wort Gottes zu vermitteln, verschaffte ihm Predigtanfragen aus ganz Nordamerika.

Aber ich behalte ihn nicht wegen seiner großen Talente im Gedächtnis.

Ich erinnere mich an ihn, weil er sich vom Glauben abwandte.

Überall waren Evangelikale von der Nachricht erschüttert, dass Chuck Templeton seine Gemeinde verlassen und alles widerrufen habe, wovon er vorher überzeugt war und was er verkündigt hatte.

Der ehemalige Prediger ging, um nach Ruhm und Reichtum zu streben. Er hat zwei große Zeitungen in Kanada geleitet und sich eine einflussreiche Stellung bei der *Canadian Broadcasting Company* verschafft. Einmal bewarb er sich sogar für das Amt des Premierministers.

Es war viele Jahrzehnte her, seit ich an Chuck Templeton gedacht hatte. So können Sie sich vorstellen, wie erstaunt ich war, dass er von Lee Strobel in seinem Buch *A Case for Faith* (Argumente für den Glauben) interviewt worden war.

Nachdem Strobel das neueste Buch von Templeton *Farewell to God: My Reasons for Rejecting the Christian Faith* (Gott den Abschied geben: meine Gründe, den christlichen Glauben abzulehnen) gelesen hatte, stieg er sofort in ein Flugzeug nach Toronto, um sich mit ihm zu treffen. Obwohl er dreiundachtzig Jahre alt und seine Gesundheit nicht mehr die Beste war, verteidigte der ehemalige Prediger heftig seine agnostische Ablehnung Gottes, der behaupten würde, Liebe zu sein, und dann all das Leid in der Welt zuließ, ohne etwas dagegen zu tun.

Am Ende ihres Treffens fragte Strobel Templeton direkt, was er von Jesus halte.

Sofort wurde sein Gesichtsausdruck weich.

Er lobte Jesus überschwänglich und schloss: »Nach meiner Meinung ist er der wichtigste Mensch, der je existiert hat.« Dann zitterte seine Stimme, und er sagte zögernd: *»Ich ... vermisse ... ihn.«* Damit brach Templeton in Tränen aus, und seine Schultern zuckten, als er weinte.

Denken Sie einmal darüber nach. Billy Graham und Chuck Templeton, zwei Freunde, die ganz verschiedene Wege im Leben gewählt haben. Und am Ende ihres Weges findet der eine, dass Jesus sein wertvollster Besitz ist, und der andere weint darüber, dass er ihn vor vielen Jahren verlassen hat.

Zyniker mögen einwenden, dass man von jemandem wie Graham erwartet, dass er eng mit Jesus zusammenlebt – und dass normale, einfache Menschen wie wir nicht erwarten können, so weit zu kommen. Aber meine Großmutter kannte das auch. Und sie war kein Billy Graham. Sie war die Tochter einfacher Siedlern in Michigan und heiratete einen Bauern im Grenzgebiet. Sie brachte ihre Kinder in einem zugigen Eckzimmer im zweiten Stock ihres Hauses zur Welt. Sie besorgte einfach den Haushalt für ihre Familie und kochte für die Arbeiter auf dem Hof. Sie lebte weit entfernt von der Hektik der besseren Gesellschaft. Nur ein paar Freunde und ihre Familie kannten ihren Namen. Aber ich werde niemals, niemals vergessen, wie meine Großmutter mit zittriger Stimme bei ihrer täglichen Arbeit ihren liebsten Choral sang:

»Ich komme allein in den Garten,
Während noch Tau auf den Rosen liegt.
Und die Stimme, die an mein Ohr dringt,
Gibt mir den Sohn Gottes zu erkennen.
Und er geht mit mir, und er redet mit mir
Und sagt mir, ich gehöre ihm.
Und die Freude, die wir teilen beim Verweilen,
Hat niemand sonst bisher erfahren.«

Sie hat sich das Geheimnis erschlossen, das Billy entdeckt hat.

Und wenn sie das konnte, dann können Sie das auch.

In eine vertiefte Beziehung zu Jesus einzutreten, bedeutet mehr, als nur die Sünde in unserem Leben kurz zu halten. Das geht darüber hinaus. Es bedeutet, mit dem riesigen Hindernis zurechtzukommen, das zwischen Ihnen und Jesus besteht. Und dieses Hindernis ist die Beschäftigung mit uns selbst. Um ihn erfahren zu können, müssen wir die Konkurrenz ausschalten – und die Konkurrenz ist unser Ich! Lassen Sie mich das erklären.

Erstens, damit auf dem Gebiet keine Verwirrung entsteht: Wir müssen als Grundlage unserer Beziehung zu Christus natürlich unser Konto sauber halten. Solange noch Sünde in unserem Herzen zurückbleibt, wird die Distanz immer bleiben. In seiner

Bergpredigt sagte Jesus: »*Glückselig, die reinen Herzens sind, denn sie werden Gott schauen*« (Mt 5,8). Und die Zeitformen in dieser Ankündigung weisen nicht auf Zukunft, sondern auf die Gegenwart. Mit anderen Worten, wenn Sie nicht *heute* ein reines Herz haben, dann rechnen Sie nicht damit, Jesus in überzeugender Weise begegnen zu können.

Es ist wirklich nicht kompliziert. Wenn Bitterkeit, unversöhnlicher Zorn, sinnliche Gedanken und Handlungen, Stolz, Unehrlichkeit in Ihnen sind oder böse Nachrede und Klatsch für Sie ganz normal sind, dann werden Sie die Entfernung spüren. Jesus begegnet uns in so einer Atmosphäre nicht. Er wird uns dort abholen, um uns aus dem Graben unserer eigenen Wege zu ziehen, aber er bleibt dort nicht mit uns.

Ich hoffe, dass Sie jetzt an einem stillen Platz sind, an dem Sie dieses Buch für einen Augenblick beiseite legen und sorgfältig über diese Dinge in Ihrem Leben nachdenken können, die zwischen Ihnen und Jesus stehen. Gehen Sie auf Ihre Knie und öffnen Sie Ihr Leben seiner göttlichen Inspektion. Beten sie, wie es der Psalmist getan hat:

»*Erforsche mich, Gott, und erkenne mein Herz. Prüfe mich und erkenne meine Gedanken! Und sieh, ob ein Weg der Mühsal bei mir ist, und leite mich auf dem ewigen Weg!*« (Ps 139,23-24)

Schrecken Sie davor nicht zurück. Er kennt Ihre geheimsten Gedanken und Ihre Kämpfe schon. Ihm tut es schon leid, dass zwischen Ihrem und seinem Herzen ein so großer Abstand besteht. Genau jetzt wartet er auf Sie, mit all seiner reinigenden Gnade für Sie.

Uns mit der Sünde auseinanderzusetzen, ist der erste Schritt. Aber ich ahne, dass die meisten von uns das schon verstanden haben. Einige werden vielleicht sogar der Meinung sein, dass sie in dieser Hinsicht schon ganz gute Fortschritte gemacht haben.

Also, warum scheint Jesus immer noch so fern zu sein?

Wenn schon irgendjemand ein völlig reines Herz gehabt hat, dann würden wir sicher zustimmen, dass der Apostel Paulus ein passender Kandidat für diese Ehre ist. Doch Paulus besteht darauf, dass sich seine Bemühung um eine tiefere Beziehung zu Jesus auf eine weit subtilere Ablenkung konzentriert als die offensichtliche Sünde. Als er den Philippern schreibt, macht er ihnen klar, dass wir Jesus nie in seiner Fülle erleben können, wenn wir nicht aufhören, ständig mit uns selbst beschäftigt zu sein.

3. Kapitel

Ich oder du?

An irgendeinem Punkt unseres Lebens müssen wir mit der Frage zurechtkommen, ob »Er« oder »Ich« das Wichtigste in unserem Leben ist.

»Papa, sind wir berühmt?« Libby, meine Siebenjährige, schaute in meine Augen. Berühmt? Zu dieser Zeit war ich Pastor in einem Städtchen im mittleren Westen Amerikas, und ich brauchte nicht lange, um zu antworten: »Nein Liebling, wir sind überhaupt nicht berühmt.« Sie machte eine Pause, dachte kurz nach und sagte mit Selbstbewusstsein und ein bisschen Betroffenheit: »Nun, aber wir *wären* berühmt, wenn uns mehr Leute kennen würden.«

Die arme Libby war erst sieben und schon besorgt, was die Leute über uns denken. Ob wir auf der Richterskala der öffentlichen Meinung verzeichnet sind oder nicht.

Das ist etwas, mit dem Libby wahrscheinlich für den Rest ihres Lebens ringen wird. Sie wird ihre Tage, wie die meisten von uns, damit verbringen, sich durch das klebrige Netz von egozentrischen Perspektiven zu kämpfen. Seit frühester Kindheit sind wir uns unseres Ichs bewusst und sehr besorgt darum. Wir lernten Wörter wie *meins* und *mir* viel eher als die Wörter *Freund* und *teilen*.

Heute als Erwachsene merken wir, dass uns ständig Fragen verfolgen, wie etwa: *Wer bin ich? Was denken die Leute über mich? Habe ich für meine Mühe ausreichend Anerkennung erhalten? Wie werde ich behandelt? Kümmert sich überhaupt jemand um mich?*

Amerikaner geben Tausende von Dollars aus, um sich selbst besser kennenzulernen. Bücher, die uns lehren zu verstehen, »wer wir wirklich sind«, stehen immer wieder auf den Bestsellerlisten. Obszön zu nennende Geldsummen werden an Therapeuten bezahlt, die uns anbieten, uns auf der Reise durch unser Inneres anzuleiten.

Offen gestanden, können Sie sich etwas Schrecklicheres vorstellen, als eine Reise durch Ihr Inneres zu machen? Das ist nicht nur eine schreckliche Vorstellung, sondern könnte sogar eine unbiblische sein. Wenn Sie dabei sind, ein völlig hingegebener Jünger Christi zu werden, dann ist das Leben ein Abenteuer, das darin besteht, Jesus kennenzulernen. Und wenn wir dafür leben, ihn kennenzulernen, dann bemerken wir, dass ihn zu kennen, der Schlüssel zum Verständnis von uns selbst ist, und dazu, Frieden mit uns selbst zu schließen.

Suchen Sie Selbstwert? *Sie haben Selbstwert in ihm … er starb für Sie!*

Werden Sie von Versagen und Schuld gequält? *Er tut für Sie, was niemand sonst tun will oder kann … er vergibt und vergisst, er schlachtet das gemästete Kalb, während der Himmel feiert, und kleidet Sie in die besten Gewänder seiner Gerechtigkeit.*

Suchen Sie nach dem Sinn? *Suchen sie nicht weiter … Sie sind sein Kind. Es gibt keinen höheren Sinn als diesen.*

Fragen Sie sich, ob es irgendeinen Grund oder Zweck gibt, wozu Sie auf diesem von Sorgen gezeichneten Planeten sind? *Das Geheimnis wird in ihm gelöst, indem er das Skript für Ihr Leben vorgibt: Ihr Leben soll zu seiner Ehre geführt werden und die Herrlichkeit seines Charakter widerspiegeln.*

Wir sollten uns der Wahrheit stellen, dass die Beschäftigung mit uns selbst nicht geeignet ist, die Seele zufriedenzustellen – und völlig ungeeignet, um das rastlose Suchen unseres Herzens zu beenden. Das Leben muss mehr zu bieten haben, als uns selbst kennenzulernen. Letztendlich ist die Beschäftigung mit sich selbst eine leere, langweilige Jagd. Ganz gleich wie charmant, witzig oder tiefsinnig wir sein mögen, wir sind nicht dazu geschaffen worden, so lange von uns selbst bezaubert zu sein.

Einfach ausgedrückt: *Wir brauchen ihn!*

Ich bin erst Anfang sechzig und merke schon, dass ich es ermüdend finde, hohlen Erinnerungen an die Dinge nachzuhängen, die ich im Leben nicht erreicht habe. Mein Versagen beschämt mich ständig. Die Fehler, die ich seit meiner Jugend mit mir rumschleppe, frustrieren mich noch immer. Meine Unsicherheit plagt meine Seele. Und das Lob anderer klingt immer hohler. Ich habe es satt, mir darum Gedanken zu machen, ob die Predigt, die ich gehalten habe, gut genug war, oder ob mir jemand auf die Schulter klopfen wird, weil ich meine Sache gut gemacht habe. Ich habe es satt, darüber zu grübeln, was die Leute über mich denken. Ich habe das fleischliche Gefühl satt, das mich manchmal verfolgt, wenn jemand über seinen Lieblingsprediger spricht ... und ich nicht gemeint bin.

Die Quintessenz: Ich habe mich schlicht und einfach selber satt.

Aber Jesus habe ich nie satt.

Nach all diesen Jahren finde ich ihn immer noch überwältigender, noch einnehmender, noch großartiger, überraschender, erfüllender und anziehender als je zuvor.

Ich habe es nie satt, ihm Loblieder zu singen oder ihm zuzusehen, wie er handelt. Ich finde ihn fesselnd. Faszinierend. Über jedes Verstehen erhaben. Und genau aus diesem Grund merke ich – zusammen mit Paulus, meiner Großmutter, Billy Graham und zahllosen anderen Menschen durch die Jahrhunderte –, dass ich mich immer noch danach sehne, ihn besser kennenzulernen.

Ich merke immer mehr, dass mein Leben nicht ewig währt. Wenn wir jung sind, glauben wir, kugelsicher zu sein. Wir leben, als würden wir nie sterben. Doch wenn die Knie anfangen, sich gegen Bewegungen zu wehren und sowohl die Sehkraft als auch das Gedächtnis nachlassen, dann merken wir die Realität. Die Zeit nimmt uns mit, und schon bald werden wir alle nahe der Grenze sein, an der das Leben Vergangenheit ist und wir die meisten unserer Tage nur noch im Rückspiegel sehen.

So sehr ich es lieber vermeiden würde darüber nachzudenken, kommt doch einmal der Tag, an dem ich in einer Ecke in einem Altersheim sitzen und darauf warten werde, dass der Gong zum Mittagessen ertönt. Und wenn das Leben bis zu diesem Punkt sich immer nur um mich gedreht hat, dann wird das ein trauriger und leerer Tag sein – ganz gleich, was es zum Mittagessen geben wird. Warum? Weil alles, was ich dann haben werde, ich selbst bin! Was zu diesem Zeitpunkt nicht mehr allzu viel sein dürfte.

Aber wenn mein Leben sich darum gedreht hat, Jesus kennenzulernen und eine vertiefte Beziehung zu ihm zu leben, dann *wird er bei mir sein*, wenn ich in dieser Ecke im Altersheim sitze und auf den Gong zum Mittagessen warte.

Und er wird an diesem Tag wunderbarer sein als am vorherigen Tag. Seine Gegenwart wird mich begleiten. Er wird mit mir sprechen, und ich werde keine Probleme haben, ihn zu verstehen, wenn er mir sagt, dass ich ihm gehöre. Er wird sagen: »Nun, Joe, bist du fast zu Hause.« Und ich werde sagen: »Herr, je eher, desto besser. Ich habe in all diesen Jahren deine Stimme gehört, und nun kann ich es kaum erwarten, dein Angesicht zu sehen.«

Es wird Zeit, dass wir alle ernsthaft anfangen, uns darum zu kümmern, wo Jesus in der Gesamtschau unseres Lebens seinen Platz findet. An einem Punkt – und zwar je eher, desto besser – sollten wir uns die Frage beantworten, ob »Er« oder »Ich« die Hauptrolle in unserem Leben spielt. Vorsicht, es ist leicht, hier zu schummeln – wir meinen gerne, dass wir ganz mit uns selbst beschäftigt sein und gleichzeitig ihm ganz nachfolgen können. Aber das entspricht nicht der Realität. Man kann nicht beides haben.

Paulus war sich der radikalen Entscheidung bewusst, die er

treffen musste, um die Gegenwart und Macht Jesu in ganzer Fülle in seinem Leben erfahren zu können. Für ihn war die Entscheidung klar. Er entschied sich für Jesus.

Gut und schön, werden Sie sagen, aber der hatte einen Vorteil. Schließlich hatte er buchstäblich in der Gegenwart Jesu Christi gestanden. Wahrscheinlich sogar zweimal. Ich bezweifele, dass irgendwer von uns noch an einem egozentrischen Leben interessiert wäre, wenn er wirklich dem Herrn des Universums von Angesicht zu Angesicht gegenüber gestanden hätte. Fast Food und Hamburger verlieren etwas ihren Glanz, wenn man gerade ein exzellentes Steak gegessen hat!

Doch trotz dieses Erlebnisses stand er immer noch in dem Konflikt, sich in sich selbst zu verlieren. Der Lebenslauf des Paulus beinhaltete eine verführerische Liste von Leistungen, die auch den Besten von uns dazu hätte verleiten können, uns ganz auf uns selbst zu konzentrieren. Hören wir ihm doch einmal zu, wie er seine Qualifikationen herunterrasselt. Bei den Menschen, unter den er sich zu dieser Zeit bewegte, hätte diese Aufzählung zu mehreren »Wow«-Ausrufen geführt. Paulus schreibt:

»Dabei könnte ich weit größeres Selbstvertrauen haben als alle anderen. Wenn andere Grund haben, auf ihre eigenen Anstrengungen zu vertrauen, gilt das für mich erst recht. Denn ich bin das Kind einer rein jüdischen Familie, die zum Stamm Benjamin gehört, und wurde mit acht Tagen beschnitten. Wenn es also je einen wahren Juden gab, so bin ich einer! Und nicht nur das: Ich gehörte zu den Pharisäern, die den strengsten Gehorsam gegen das jüdische Gesetz fordern. Die Gemeinde habe ich unerbittlich verfolgt. Und ich habe das jüdische Gesetz so streng befolgt, dass mir nie jemand etwas nachsagen konnte« (Phil 3,4-6, Neues Leben).

Und doch ... und doch ist seine Wahl eindeutig:

»Früher hielt ich all diese Dinge für außerordentlich wichtig, aber jetzt betrachte ich sie als wertlos angesichts dessen, was Christus getan hat. Ja, alles andere erscheint mir wertlos, verglichen mit dem un-

schätzbaren Gewinn, Jesus Christus, meinen Herrn zu kennen. Ich habe alles andere verloren und betrachte es als Dreck, damit ich Christus habe und mit ihm eins werde. Ich verlasse mich nicht mehr auf mich selbst oder auf meine Fähigkeit, Gottes Gesetz zu befolgen, sondern vertraue auf Christus, der mich rettet. Denn nur durch den Glauben werden wir vor Gott gerecht gesprochen« (Phil 3,7-9, Neues Leben).

Hören Sie seine Leidenschaft. *Sie können alle Zeitungsausschnitte über mich, alle Kritiken meiner Bücher, alle akademischen Ehren und Titel nehmen. Nehmen Sie meine Visitenkarten, die Pokale und Trophäen und stopfen Sie sie in die Mülltonne. Sie bedeuten mir weniger als NICHTS im Vergleich zu Jesus, im Vergleich dazu, ihn jeden Tag besser kennenzulernen.*

Wenn wir diesen Schritt tun, dann bedeutet es nicht, dass wir nicht mehr hätten, was wir haben; dass wir nicht mehr täten, was wir tun und nicht mehr seien, wer wir sind. Es bedeutet einfach, dass wir davon nicht mehr verzehrt werden. Wir werden stattdessen von Jesus verzehrt.

Wenn Jesus uns dazu einlädt, unser Leben in seinem zu verlieren, erinnert er uns: *»Wer sein Leben findet, wird es verlieren, und wer sein Leben verliert um meinetwillen, wird es finden«* (Mt 10,39).

Was für ein faszinierender Gedanke.

4. Kapitel

Medaillen

Hütet euch davor, Jesus im Glanz eures eigenen Gutmenschentums zu verlieren.

Was passiert, wenn Nachfolger Christi vergessen, dass Jesus zuerst kommt, und sie nur noch mit sich selbst und ihrem eigenen Erfolg beschäftigt sind?

Das macht sich nicht gut.

Meine Erinnerung geht zurück zu einem Ereignis, das sich in meiner Zeit in der Oberschule abgespielt hat. Ich erinnere mich daran, dass ich mit meinen Freunden im Flur vor dem Sonntagsschulraum stand. Wir waren viel zu cool dafür, vor Beginn schon auf unseren Stühlen zu sitzen. Das Spiel hieß: im Flur rumhängen und »sehen und gesehen werden«, während die Gottesdienstbesucher eintrafen. An diesem besonderen Sonntag sahen wir einen Besucher – ein Junge in unserem Alter kam mit seiner Mutter auf unseren Sonntagsschulraum zu. Weil er neu war, versuchten wir sofort ihn abzuschätzen.

Als er näher kam, erhaschten wir einen Blick auf etwas, das ihn deutlich von uns unterschied. Es war schlimm genug, dass er mit seiner Mutter kam, aber was hing da von seiner Jacke herunter: Als wir genauer hinschauten, sahen wir, dass es sich um eine ganze Kette Medaillen handelte, die er als Belohnung für den Besuch der Sonntagsschule erhalten hatte.

Wenn Sie nicht in so einer Gemeinde aufgewachsen sind, dann lassen Sie sich ins Bild setzen: Wenn man bei uns ein Jahr lang jeden Sonntag in der Sonntagsschule gewesen waren, dann bekam man eine kleine, runde Anstecknadel, die man tragen konnte, um seine Treue zu zeigen. Wenn man noch ein Jahr lang regelmäßig kam, bekam man einen Kranz, der um diesen Stecker befestigt wurde und zwei kleine Ösen unten hatte. Die Ösen waren dazu da, Schildchen dranzuhängen, die jedes Jahr dazukommen konnten, wenn man immer dagewesen war.

Dieser Junge hatte seit seiner Geburt keine einzige Sonntagsschulstunde verpasst. Er sah aus wie ein kleiner russischer General, der sich mit einer Brust voller Ordensbänder schmückt. Die Medaillen an seinem Belohnungsstecker schwangen beim Gehen hin und her. Wir bildeten uns ein zu sehen, dass er unter ihrem Gewicht etwas nach links geneigt ging.

Und was meinen Sie? Dass wir Jungs auf dem Flur beeindruckt waren von den überragenden geistlichen Errungenschaften dieses Jungen? Dass wir ehrfürchtig in starrer Bewunderung seines tadellosen Sonntagsschulzeugnisses standen?

Keine Chance.

Es war eher: *Was bildet sich dieser Kerl eigentlich ein?*

Sicherlich war das nicht die freundlichste oder lobenswerteste Reaktion, aber sie kam von Herzen.

Das war die Essenz der zerstörerischen Dynamik, denen die Nachfolger Jesu im ersten Jahrhundert in der Stadt Philippi ausgesetzt waren. Und wenn wir nicht vorsichtig werden, dann wird daraus schnell das herrschende Muster auch in unserem Leben.

Ganz gleich wie man es sehen mag, die Judaisten waren in Schwierigkeiten.

Die scharfen Lehren dieser Gruppe in der Urgemeinde waren mehr als umstritten. Sie waren explosiv. Einfach ausgedrückt, behaupteten die Judaisten, dass der Tod Christi zur Erlösung nicht ausreichte. Das Opfer des Herrn am Kreuz habe nicht die Erfordernisse des Gesetzes und die zahllosen Forderungen des levitischen Gesetzes aufgehoben. Deshalb mussten ihrer Meinung nach echte

Christen weiterhin Opfer darbringen, die Beschneidung einhalten, den Sabbat und andere Aspekte der vielfältigen Regeln, die von Mose überliefert worden waren. Wenn du es richtig machen wolltest, musstest du alle Anforderungen des Gesetzes erfüllen. Und raten Sie mal, welche meinten, die richtigen Christen zu sein?

Natürlich die Judaisten.

Wie Sie sich vorstellen können, waren sie ziemlich eingebildet. Sie waren die »echten Gläubigen«, die Insider-Wissen darüber besaßen, was Gott gefällt. Ganz gleich, dass sich ihre Lehren über die der Apostel hinwegsetzten, dass Jesus das Gesetz und seine Forderungen erfüllt habe. Laut zahllosen Abschnitten in den Briefen ist der neue Bund und damit Christi Werk überragend und endgültig – und unsere guten Werke nur eine Folge unserer Liebe und Treue ihm gegenüber.

Die Judaisten sahen es jedoch so, dass sie einfach besser als der durchschnittliche, locker lebende, sogenannte Christ waren.

Auf der anderen Seite dagegen sah die Partei, die auf »allein der Glaube« bestand, in den Judaisten ein gutes Beispiel dafür, wie Gesetzlichkeit übertrieben werden kann. Als die beiden Lager anfingen zu debattieren, zu diskutieren und zu polarisieren, legten sie ihr Hauptaugenmerk auf ihre Unterschiede und freuten sich an ihrer jeweiligen lehrmäßigen Korrektheit.

»Wir machen es richtig, und ihr macht alles falsch.«

»Nein, WIR machen es richtig, und IHR macht alles falsch.«

»Tun wir nicht!

»Tut ihr doch!«

Raten Sie mal, wer in diesem Streit verloren ging!

Jesus.

Das passte natürlich hervorragend zu Satans Plänen. Die Gemeinde in Philippi war bereit, sich selbst zu zerstören, kurz davor, unter dem Gewicht des Wettstreites »Wer ist der Beste?« in den eigenen Reihen zusammenzubrechen. Die Judaisten waren überzeugt, dass sie gewonnen hatten. Sie hielten schließlich das ganze Gesetz. Ihre Arbeit war eine Reflexion ihrer Liebe zu sich selbst, statt ihrer Liebe zu Jesus.

Es steckt eine seltsame und unterschwellig selbstzerstörerische Dynamik hinter der Tatsache, dass wir, je besser wir werden, scheinbar umso mehr an uns selbst kleben bleiben. Die Dämonen des Stolzes und der Selbstbeweihräucherung lauern bei jeder guten Tat an der nächsten Ecke. Wenn wir nicht aufpassen, dann wird es umso schlimmer, je besser wir werden.

Sein eigenes Gutmenschentum vor sich herzutragen oder sich selbst an den anderen zu messen, kann sehr wohl ein großes Hindernis für eine vertiefte Erfahrung Jesu in unserem Leben darstellen. Wie wir gesagt haben: Es kann im Leben nicht gleichzeitig um Sie und um Jesus gehen. Entweder sind Sie die Hauptperson oder er. Treffen Sie Ihre Wahl.

In unserer Kultur gibt es viele Felder, auf denen wir dieses Spiel »Schau auf mich« spielen.

- Die längste Liste von Regeln aufstellen und so leben, als ob Strenge gleich nach Gottesfurcht kommt
- solche Dienste in der Gemeinde oder bei anderen würdigen Organisationen tun, wo man in der Öffentlichkeit wahrgenommen wird
- Dienste tun, wo man in der Öffentlichkeit nicht wahrgenommen wird
- Erfolg im Berufsleben
- Gottesfürchtige Kinder erziehen
- Kinder auf christliche Schulen schicken
- Kinder nicht auf christliche Schulen schicken
- Anbetung mit moderner Musik
- Anbetung mit traditioneller Musik
- Benutzen moderner Bibelübersetzungen
- Ablehnung moderner Bibelübersetzungen und Bleiben bei den älteren

- Große Summen spenden
- Einladungen zu den »richtigen« Veranstaltungen bekommen

Und die Liste lässt sich beliebig verlängern. Und während wir zwar nicht gerade Medaillen für geistliche Errungenschaften verteilen, tragen wir sie doch durch unsere Haltung und unser selbstgefälliges Geschwätz vor uns her. Und wenn wir das tun, dann enthüllen wir das Geheimnis, das wir gerne verborgen hätten: dass es im Leben, auch wenn wir Jesus dienen, letztendlich doch nur um »mich« geht.

Was soll also jemand tun, der Jesus ernsthaft sucht? Aufhören, gut zu sein? Aufhören, ein gesegnetes Leben zu führen? Aufhören zu dienen? Aufhören zu gehorchen? Aufhören, Opfer zu bringen und das Leben hinzugeben?

Offensichtlich nicht? Aber was dann?

Nachdem wir nun gelernt haben, dass es notwendig ist aufzuhören, mit sich selbst beschäftigt zu sein, um Jesus zu erfahren, sind wir bereit, unsere Reise zu ihm anzutreten.

Lesen Sie sorgfältig.

Jesus erfahren, beginnt mit zwei geänderten Haltungen.

5. Kapitel

Auf einem Zaunpfahl

Haltungsänderung Nr. 1: Freut euch in dem Herrn!

Haben Sie sich schon in der Nähe von Christen aufgehalten, die meinen, sich »im Herrn zu freuen« bedeute, vierundzwanzig Stunden am Tag ein Lächeln auf den Lippen zu tragen und jeden zweiten Satz mit »Preist den Herrn« zu beenden?

Nerven Sie solche Leute?

Mich jedenfalls nerven sie!

Meiner Meinung nach beraubt diese Art Einstellung uns eines christlichen Lebens mit ehrlichen Gefühlen wie Trauer und berechtigtem Zorn. Es beraubt uns der gesunden emotionalen Veränderungen, die wir jeden Tag und jede Stunde merken. Sie verweigert mir die Entspannung durch ein herzhaftes Lachen aus dem Bauch heraus und die Reinigung durch einen Tränenausbruch. Ich versuche herauszufinden, was diese Lächelmaschinen wissen, das ich nicht weiß. Vielleicht haben sie das Signal, immer glücklich sein zu müssen, aus der Anweisung von Paulus bekommen *»Freut euch im Herrn«*, was noch mal durch seine folgende Aussage *»Freut euch im Herrn allezeit! Wiederum will ich sagen: Freut euch!«* verstärkt wird (Phil 3,1;4,4).

Zum Glück forderte uns Paulus zu Beginn des 3. Kapitels des Philipperbriefes nicht auf, vierundzwanzig Stunden am Tag mit einem Lobpreislächeln im Gesicht herumzulaufen. Zu erwarten, dass jemand ständig glücklich sein kann – insbesondere die ersten Christen, die in Verfolgung standen –, ist ziemlich übertrieben.

Nebenbei gesagt, definiert sich biblische Freude nicht als ewiges emotionales Hoch. Jesus weinte über Lazarus, verbrachte eine Zeit der Trauer über seinen brutal ermordeten Cousin Johannes und wurde auf jede Weise so geprüft wie wir.

Was meinte Paulus also? Angesichts des Problems der aufgeblasenen Judaisten und der folgenden Aussagen über die Überlegenheit, Christus zu kennen, ist seine Schlussfolgerung ziemlich deutlich: Es ist Zeit aufzuhören, sich an sich selbst zu freuen und anzufangen, sich an Jesus zu freuen.

Wie wir gelernt haben, ist die Entscheidung, nicht egozentrisch zu sein, wichtig. Aber wir werden ganz schnell wieder zurückgleiten, wenn wir dem nicht durch eine aktive und entschiedene Gewohnheit begegnen, uns in ihm zu freuen.

Freude an Jesus ist die befreiende Reaktion, die uns der endlosen Aufgabe entledigt zu versuchen, unsere Seele mit uns und unseren Erfolgen zufriedenzustellen und zu erfüllen. Freude an Jesus befreit uns von der endlosen Quälerei, sich darum kümmern zu müssen, dass man die notwendige Anerkennung bekommt und ausreichende Bestätigung erfährt. Freude an Jesus beruhigt die sonst zarten Egos, die sich schnell frustrieren und irritieren lassen, wenn andere nicht nach unseren Erwartungen handeln oder wir nicht bekommen, was wir unserer Meinung nach »verdienen.«

Jeremia muss so ein Leben im Sinn gehabt haben, in dem man mit Jesus angibt statt mit sich selbst, als er verkündete:

»So spricht der HERR: Der Weise rühme sich nicht seiner Weisheit, und der Starke rühme sich nicht seiner Stärke, der Reiche rühme sich nicht seines Reichtums; sondern wer sich rühmt, rühme sich dessen: Einsicht zu haben und mich zu erkennen, dass ich der HERR bin, der Gnade, Recht und Gerechtigkeit übt auf der Erde; denn daran habe ich Gefallen, spricht der HERR« (Jer 9,22-23).

Wenn Sie darüber nachdenken, dann gibt es weit mehr bei Jesus, mit dem man angeben kann, als das Beste, was jemand von uns je hoffen oder gar erreichen könnte. Als Paulus die ehrfurchtgebietende Liste mit Christi Errungenschaften feierte, konnte er vor lauter Freude darüber kaum aufhören zu schreiben.

Er gab schamlos an.

Er hörte und hörte nicht auf.

Und das tat so gut!

Wer ist Jesus? Er ist einzigartig:

»*In ihm haben wir die Erlösung, die Vergebung der Sünden. Er ist das Bild des unsichtbaren Gottes, der Erstgeborene aller Schöpfung. Denn in ihm ist alles in den Himmeln und auf der Erde geschaffen worden, das Sichtbare und das Unsichtbare, es seien Throne oder Herrschaften oder Gewalten oder Mächte: Alles ist durch ihn und zu ihm hin geschaffen; und er ist vor allem, und alles besteht durch ihn. Und er ist das Haupt des Leibes, der Gemeinde. Er ist der Anfang, der Erstgeborene aus den Toten, damit er in allem den Vorrang habe*« (Kol 1,14-18).

Angeben ist dann sehr gesund, wenn wir mit Jesus angeben. Sie dürfen ihn anderen mit so vielen Superlativen vorstellen, wie Sie nur wollen. Sie können seine Erfolge aufzählen, seine wundervollen Eigenschaften rühmen, ständig über seine Freundlichkeit, seine Gnade und Liebe reden und den Rest Ihres Lebens sein Lob singen.

Und das wäre wirklich gut, denn er verdient das alles.

Und mehr.

Warum lenken wir also immer wieder die Aufmerksamkeit auf uns selbst? Warum wollen wir das Lob bekommen und streben nach Beifall für unsere guten Taten? Warum geben wir mit dem an, was wir erreicht haben? Warum machen wir uns immer wieder selbst etwas vor? Alles Gute, das wir je geschafft haben, geschah durch ihn, und durch seine Gnade und Kraft. Wenn er nicht wäre – seine Gnade, mich zu retten und mein Leben mit allem auszustatten, was ich brauche, um etwas zu schaffen und Erfolg damit zu haben –, ich wäre und könnte überhaupt nichts sein oder tun, was Bedeutung hätte.

Das hat nichts mit Bescheidenheit oder falscher Demut zu tun. Es gibt kein »Och menno.« Das ist die harte Realität.

Man kann einfach nicht übertreiben, wenn man von seinem Wert spricht. Er beansprucht einfach die Hauptrolle.

Und wenn Sie in Ihrem Herzen selbst diese Hauptrolle spielen, dann tut er es nicht. Ich wiederhole es gerne: Entweder hat er die Hauptrolle, oder Sie spielen sie. Auch nur daran zu denken, dass einer von uns mit ihm mithalten könnte, ist beschämend arrogant.

Ich sage nicht, dass es nichts gibt, über das wir uns freuen können. Jeder, der gerne Christus gefallen will und der begabt ist und gesegnet wird, hat eine Menge Gründe, sich gut zu fühlen. Gott will uns nicht das gute Gefühl eines geraden und weiten Golfschlags nehmen, den zarten Kuss von jemandem, den man liebt, die Freude über einen abgeschlossenen Vertrag, eine gelungene Investition oder das Vergnügen, eine Aufgabe gut gelöst zu haben. Wenn wir Jesus suchen, indem wir uns an ihm freuen, dann müssen wir nicht in ein sich selbst herabsetzendes und unproduktives »Weh-mir«-Geschrei verfallen.

Jedenfalls, wenn Sie oder ich jemals Jesus so erfahren wollen, wie wir es uns ersehnen, dann müssen wir lernen, über uns selbst und unsere Erfolge hinaus und *ganz zu ihm zu kommen*. Wir müssen uns einen Reflex antrainieren, der sofort Dankbarkeit auslöst und uns dazu bringt, ihn dafür zu loben, dass er es uns ermöglicht hat, etwas zu erreichen, wenn etwas Gutes in unserem Leben passiert, wenn uns etwas gelungen ist und wir ein paar Streicheleinheiten bekommen, wenn man uns anerkennt und bestätigt, wenn unsere schönsten Träume wahr geworden sind.

Wenn wir gesegnet werden, dann müssen wir darauf so reagieren, dass der Funke der Freude an uns selbst zur Flamme der Freude wird, die seine hervorragende Fürsorge und Gnade in unserem Leben feiert.

In dem Augenblick, in dem Sie das tun, verbinden Sie sich mit ihm und verlieren sich in seiner überreichen Güte.

Vor einigen Jahren schrieb ein Freund von mir ein Buch mit dem Titel *Schildkröte auf dem Zaunpfahl*, die Geschichte seines äußerst erfolgreichen Lebens. Was für ein großartiger Titel. Halten Sie einmal inne und denken Sie darüber nach: Wie schafft es eine Schildkröte auf einen Zaunpfahl?

Sie ist sicherlich nicht selbst dorthin geklettert.

Wenn eine Schildkröte auf einem Zaunpfahl sitzt, dann können Sie sicher sein, dass jemand sie dorthin gesetzt hat. Sie braucht eine Kraft außerhalb ihrer selbst, um an diesen luftigen Sitzplatz zu gelangen. Und wenn Sie die Frage beantworten, wie Sie auf den Zaunpfahl gekommen sind, dann werden Sie bereit, nicht mehr sich selbst zu feiern, sondern Jesus Christus.

Wenn wir der allgegenwärtigen Tendenz widerstehen wollen, uns an unserer eigenen Überlegenheit zu freuen, dann müssen wir lernen zu erkennen, dass wir uns einmal wieder in ihrem Netz verfangen habe. Wissen Sie, wie sich die klebrigen Fäden dieses Netzes anfühlen?

- Ist es Ihre automatische Reaktion, Erfolge sich selbst als Verdienst anzurechnen, oder erkennen Sie instinktiv seine Gnade freudig in allem an, was Sie haben oder tun?
- Sorgen Sie sich darum, ob Sie – oder schlimmer noch, sind Sie bitter, weil Sie – ignoriert wurden und man Ihre Rechte und Vorstellungen nicht geachtet hat?
- Haben Sie jemals jemanden anderen aktiv gelobt?
- Neigen Sie eher zu der Klage, dass Sie nicht alles bekommen, was Sie verdient haben, und vergleichen Sie sich voll Selbstmitleid mit anderen, die mehr haben?
- Geht es in der Gemeinde (eigentlich) nur um *Sie* und *Ihre* Vorlieben?

Wenn das Ihrem Profil entspricht, dann sollte klar sein, warum Jesus und eine immer tiefere Beziehung zu ihm für Sie im besten Fall eine vage Vorstellung auf Ihrer geistlichen Wunschliste ist. Aber wenn wir leben, um ihn für alles zu loben, was er ist; wenn wir die befreiende Kunst erlernen, eher seine Würdigkeit und nicht unsere eigene zu feiern, dann sind wir so weit, ihm auf eine Weise zu begegnen, die über alles hinausgeht, was wir je erlebt haben. Und es ist wichtig zu beachten, dass dieses Prinzip sowohl in guten als auch in schlechten Zeiten gilt.

Ich erinnere mich an den fesselnden Kommentar des Paulus, dass er lernen musste, zufrieden zu sein, und zwar sowohl im Überfluss als auch im Mangel (Phil 4,12). Wir verbringen im Allgemeinen viel Zeit damit, uns zu ärgern und uns selbst zu bemitleiden. Wir quälen uns mit dem Gefühl, dass man uns um die Bequemlichkeit, die Gesundheit, den Reichtum und das Glück gebracht hat, das wir unserer Meinung nach verdient haben.

Mit dieser Haltung dreht sich das Leben immer noch ständig um mich. Nur um mich. Eine kleine Dosis davon fühlt sich zwar für kurze Zeit ganz gut an, aber wir dürfen dabei nicht stehen bleiben. Wir müssen darüber hinaus kommen. Wenn wir uns in schlechten Zeiten am Herrn freuen, dann bedeutet das, für alles danken zu lernen (1Thes 5,18). Es bedeutet, dass wir uns über die Tatsache freuen, dass ein weiser Gott gibt und nimmt, und wir preisen den Namen Gottes (Hi 1,21). Es bedeutet, dass wir wahrlich reich in ihm sind, auch wenn wir arm an Gütern dieser Welt sind (Offb 2,9). Dass er uns niemals verlässt noch aufgibt (Hebr 13,5-6). Dass uns alle Dinge zum Guten mitwirken müssen (Röm 8,28). Dass er durch unsere Schwachheit seine Kraft zur Vollendung bringt und seine Gnade ausreicht (2Kor 12,7-10). Dass wir durch seine weise Erlaubnis, die nie den Überblick verliert, auf den Zaunpfahl der Probleme gesetzt wurden, und dass er uns durch die finstersten Versuchungen Herrlichkeit und Gutes bringen kann.

Wir haben nicht gelernt, in Entbehrung oder Reichtum zu leben, ehe wir nicht gelernt haben, sie zum Sprungbrett in ein Leben des dankbaren Lobpreises und der Anbetung unseres Herrn zu machen.

Glauben Sie wirklich, dass alle guten Gaben, die Sie aus der Hand Gottes erhalten, nur aus seiner Gnade fließen und vollkommen unverdient sind?

Sind Sie überzeugt, dass er auch noch in den finstersten Zeiten bei Ihnen ist, und dass er einen Plan hat, und dass Ihre Leiden nicht umsonst sind?

Wenn Sie diese Fragen mit Ja beantworten, dann sind Sie auf dem Weg zu einer engeren Beziehung zum Sohn Gottes. Der Psalmist sagt uns, dass Gott unter den Lobgesängen seines Volkes wohnt (Ps 22,4). Seltsamerweise heißt es da nicht, dass er in unseren Klagen oder unserem Eigenlob wohnt. Wenn Ihr Herz sich ständig beklagt, sich selbst bemitleidet oder applaudiert, dann werden Sie seine Nähe nicht erfahren. Wenn wir unser Leben so einrichten wollen, dass wir Jesus erfahren, dann müssen wir über den Segen und die Bürden des Lebens hinaus sehen, um unser Herz mit ihm allein zu füllen. Dabei lernen wir die wunderbare Fähigkeit, immer mit ihm anzugeben, ganz gleich, wie es um uns steht.

Er wohnt unter den Lobgesängen seines Volkes.

Treffen Sie sich dort mit ihm.

6. Kapitel

Der höchste Wert

Haltungsänderung Nr. 2: Gib Jesus den höchsten Wert!

Denken Sie eine Minute über die Dinge nach, auf die Sie in Ihrem Leben Wert gelegt haben.

Im Alter von ein oder zwei Jahren könnte das vielleicht ein schmutziges, verschlissenes Schmusetuch gewesen sein, an das Sie sich geklammert haben, als wäre es das liebe Leben. Weh dem, der auch nur versucht hat, es Ihnen zu entreißen!

Mit drei oder vier Jahren war es vielleicht ein Stofftier oder eine Puppe, die irgendwie so real und wichtiger wurde als alles andere in Ihrer Welt.

Mit sechs oder sieben könnte es das erste Fahrrad gewesen sein. Sie hätten es für nichts in der Welt eingetauscht. Oder Sie hatten vielleicht irgendeine kleine Sammlung in irgendeiner Schublade versteckt oder in einem Schuhkarton unter dem Bett... schöne Steine oder Püppchen oder Comic-Hefte oder Sammelkarten oder Aufkleber oder Plastiksoldaten.

In späteren Jahren waren es vielleicht wundervolle Erlebnisse, die Sie festhalten wollten: ein Tor in einem Jugend-Liga-Spiel, eine Eins in der Klassenarbeit, die Einladung zu einer Ehrengesellschaft, eine Verabredung mit einer dieser süßen Cheerleaderinnen oder mit dem coolsten Typen der ganzen Schule.

Zu einer gewissen Zeit waren alle diese Dinge für Sie sehr wertvoll. Sie haben sie beschützt, an sie gedacht und sie ganz fest im Gedächtnis behalten. Sie verschafften Ihnen Freude und Vergnügen. Sie verschafften Ihnen ein wohliges Gefühl.

Aber wo sind sie jetzt? Das Leben geht weiter, nicht wahr? Und wir gehen weiter, um neue Besitztümer zu bekommen und aufregendere Erlebnisse zu haben. Unsere Fotoalben, Keller, Dachspeicher und Garagen sind ein lebendiges Zeugnis der sich ändernden Werte unseres Lebens.

Vielleicht haben Sie die Geschichte von den Witzbolden gehört, die in einen Eisenwarenladen eingebrochen sind. Seltsamerweise haben sie nichts gestohlen. Doch sie richteten trotzdem ein riesiges Chaos an.

Sie tauschten alle Preisschilder aus.

Der Besitzer des Ladens merkte nichts, bis der erste Kunde mit einem Hammer zur Kasse kam. Der laut Kasse 199 Euro kosten sollte. Dem Kunden fiel natürlich der Kinnladen runter. »Woraus ist das Ding?«, fragte er. »Platin?«

Nachdem die Angestellten genauer nachschauten, entdeckten sie einen Großbildfernseher bei den Haushaltsgeräten für 14,95. Es waren immer noch dieselben Waren, die in denselben Regalen wie vorher standen, aber die Werte, die ihnen zugemessen wurden, waren hoffnungslos durcheinandergebracht.

Das tun wir so häufig mit unserem Leben. Viel zu oft messen wir dem, was wir sind und was wir haben, den falschen Wert bei.

Beim Apostel Paulus waren die Preisschilder richtig.

»Genau die Zeugnisse, mit denen diese Leute herumwedeln, als wäre es etwas Besonderes, zerreiße ich und werfe sie in den Müll – mit allem anderen, auf das ich mir einmal etwas eingebildet habe. Und warum? Wegen Christus. Ja, alle die Dinge, von denen ich einst glaubte, dass sie so wichtig wären, sind aus meinem Leben verschwunden. Verglichen mit dem hohen Vorrecht, Christus Jesus aus erster Hand als meinen Meister zu kennen, ist alles andere unbedeutend, von dem ich einst dachte, dass es mir wichtig wäre – wie Hundedreck. Ich habe all das in den Müll geworfen, damit ich Christus

umfassen kann und er mich umfasst. … Ich habe all diese wertlosen Dinge aufgegeben, um Christus persönlich kennenzulernen« (Phil 3,7-8.10 nach der engl. Bibel-Übertragung *The Message*).

Da steht Paulus an der Kasse, schaut sich alle Preisschilder an, die an seinen Erlebnissen, Errungenschaften und Schätzen kleben. Er hat einen Stift in der Hand, und alles, was ihm so wertvoll war, so kostbar, was ihm so schrecklich wichtig war, wird auf null heruntergesetzt. Ja, er hat das alles in Kisten gepackt, damit er es draußen zur Müllkippe fahren kann.

Und wie ist es damit, Jesus zu kennen – den Namen, den Paulus gehasst hat und dem er überhaupt keinen Wert zugemessen hat? Er kann dem Vorrecht, ihn zu erfahren, noch nicht einmal ein Preisschild geben. Er schreibt »unbezahlbar« auf das Schild, weil er noch nicht einmal beschreiben kann, wie wertvoll er für ihn ist.

Ich erinnere mich an eine unserer Freundinnen, die sehr gerne dekorierte. Sie hatte die Kniffe drauf und den Instinkt, ein Zimmer zum Leben zu erwecken. Dann sagte ihr der Doktor mitten in einer ihrer Deko-Aktionen, dass sie Krebs habe. Bis zu diesem Zeitpunkt hatte die Deko-Aktion sie im Griff. Sie wachte jeden Morgen damit auf und schlief ein, während sie in Gedanken noch einige Details veränderte. Ihr Tag war von Stoffmustern und Katalogen erfüllt, die sie im ganzen Haus verteilte.

Aber an dem Tag, an dem sie aus der Praxis ihres Arztes heimkam, verdampften ihre Freude an dem Projekt und ihre Fixierung darauf wie Wasser auf heißem Asphalt. Genauso schnell wurde ihr *Leben selbst* wertvoll. So wertvoll, dass alles andere, das ihr normalerweise Freude machte, unwichtig wurde.

Wie oft haben Sie schon davon gehört?

- Von dem Witwer, der über seine falschen Prioritäten klagte, die ihm die wertvolle Zeit mit seiner Frau geraubt hatten.
- Von dem Vater, der das Leben im Büro für wichtiger gehalten hatte als Zeit, die er mit seinem Sohn zu Hause verbracht hat.

- Von der berufstätigen Mutter, der eine Beförderung mehr wert war, als ihre Tochter aufwachsen zu sehen.
- Von einem Rentner, der während seiner Arbeitsjahre das Geld achtlos ausgegeben hatte, und dann bei seiner Pensionierung kaum noch etwas hatte.

Unsere Werte zu kennen, ist eine höchst wichtige Aufgabe im Leben. Und dies ist für jemanden, der Jesus erfahren möchte, von strategischer Bedeutung.

In meiner begrenzten Erfahrung habe ich zwei verschiedene Einkaufstypen beobachtet: diejenigen, die auf der Verpackung bei den Angaben über den Inhalt nachschauen, ob das Produkt auch seinen Preis wert ist; und diejenigen, denen einfach die Verpackung gefällt. Meine Frau Martie hält nach dem Wert Ausschau. Sie liest jedes Schildchen einschließlich des Kleingedruckten. Sie vergleicht den Preis pro hundert Gramm, und wenn sie etwas in den Einkaufswagen legt, können Sie sicher sein, dass sie das Beste herausgeholt hat.

Wenn Sie das für wertvoll halten, was gut aussieht und Ihnen einen Kick gibt, dann wird Ihr Herz all das begehren, was zeitlich und verführerisch ist. Aber wenn Sie lange und intensiv auf Jesus schauen, wenn Sie alles lesen, was die Packungsaufschrift über seinen unvergleichlichen Wert zu sagen hat, dann wird Christus ihr Herz gewinnen. Immer, jedes Mal.

Vielleicht haben Sie noch nie daran gedacht, das, was Sie am höchsten schätzen, mit dem zu vergleichen, wie viel Christus Ihnen wert ist. Aber um ihn in der Fülle erfahren zu können, die er vorgesehen hat, müssen Sie sich dieser Übung unterziehen. Und diese Übung ist weit mehr, als nur mit dem Kopf der Tatsache zuzustimmen, dass Jesus am allerwichtigsten ist. Die meisten von uns haben das unser Leben lang so gemacht – und dann gelebt, als ob er auf der Liste an achter oder neunter Stelle stehen würde. *Nur wenn wir verstehen, warum es niemanden gibt, der ist wie er, und nichts außer ihm, sind wir in der Lage, uns seinen unübertrefflichen Wert zu eigen zu machen – auch wenn er härteste Konkurrenz bekommt.*

Unsere Haltung bezüglich dessen, was uns am wichtigsten ist, muss mehr als frommes Gerede sein. Die Behauptung muss unwiderlegbar sein. Was ist der Beweis für seinen überragenden Wert? Was an ihm überzeugt unser Herz, dass verglichen mit ihm alles andere im Leben wie Müll ist?

Es gibt drei Realitäten, die Jesus in unser Leben bringt, die alles übersteigen, und die niemand sonst – ja gar nichts anderes – auch nur anzubieten hoffen kann. Diese Eigenschaften verleihen Christus beispiellosen Wert. Genau diese drei haben das Herz des Apostels so sehr wie ein Schraubstock ergriffen, dass er im Vergleich damit alles andere in seinem Leben als Verlust buchte.

Alles fängt mit dem Kreuz an.

1. Nur am Kreuz können wir Jesus gewinnen (Phil 3,8)

Wenn Christus »gewinnen« von so bedeutendem Wert ist, was bekommen wir denn dann? Einfach ausgedrückt, wenn Sie ihn gewinnen, haben Sie alles, was Sie brauchen. Zuerst bedeutet ihn zu gewinnen, völlige und ewige Vergebung aller Sünden und Fehler zu erlangen – vergangener, gegenwärtiger und zukünftiger. Nichts auf Erden kann mit der Gabe seiner rettenden Gnade konkurrieren. Die erstaunliche Realität ist, dass *jeder*, der bußbereit zu Jesus kommt, das unwiderrufliche Vorrecht erhält, ihn zu gewinnen.

Schon immer gehört ein Bericht aus Lukas 12 zu meinen Lieblingsgeschichten. Es geht um einen Mann, der entrüstet und besorgt über die Tatsache war, dass sein Bruder ihn um sein Erbe betrogen hatte. Eines Tages fand er sich zufällig in der Gegenwart Jesu, des Nazareners. Er machte Jesus auf sich aufmerksam und beklagte sich: *»Lehrer, sage meinem Bruder, dass er das Erbe mit mir teile!«* (Lk 12,13).

Wie so viele, die sich mit Jesus unterhalten haben, bekam er in der Antwort mehr zu hören, als ihm lieb war. Der Herr antwortete: *»Seht zu und hütet euch vor aller Habsucht! Denn auch wenn jemand Überfluss hat, besteht sein Leben nicht aus seiner Habe«* (Lk 12,15). Jesus fuhr fort, indem er die Geschichte von einem reichen Bauern erzählte. Dieser Mann war mit einer so großen Ernte gesegnet worden, dass er alle kleinen Scheunen abreißen und größere bauen musste, um seine Super-Ernte lagern zu können. Der Mann lud zwar seine Freunde ein, um sein großes Glück zu feiern, aber offensichtlich hatte er vergessen, *einen* auf seine Gästeliste einzutragen.

Nämlich Gott.

Aber der kam trotzdem.

In genau dieser Nacht verlangte Gott die Seele des reichen Bauern, und alle sorgfältig gehorteten Güter bekam jemand anders. Jesus nahm bezüglich dieses Mannes kein Blatt vor den Mund. Er nannte ihn einen Dummkopf. Nicht weil er so erfolgreich gewesen war, nicht weil er so viel besaß, sondern weil er Reichtum für seine ewige Sicherheit hielt und auf Gott in seinem Leben keinen Wert legte. Jesus sagte an anderer Stelle: *»Denn was wird es einem Menschen nützen, wenn er die ganze Welt gewönne, aber sein Leben einbüßte? Oder was wird ein Mensch als Lösegeld geben für sein Leben?«* (Mt 16,26).

Das Resultat? Ohne Jesus sind alle Güter, alle Reichtümer und Statussymbole, die diese Konsumwelt uns zu bieten hat, nicht mehr als billiges Spielzeug. Aller Erfolg in der Welt hat keinerlei bleibenden Wert. Jesus zu gewinnen, löst nicht nur das Problem der Schuld und des Gerichts vor einem gerechten und heiligen Gott, sondern es überschüttet uns mit einem Überfluss anderer Gnadengeschenke, mit denen nichts auf der Welt mithalten kann.

- *Ein unvergleichlich reiches Erbe, das für Sie reserviert ist, für das keine Erbschaftssteuer anfällt und das kein Dieb plündern, kein Terrorist in die Luft jagen und kein temperamentvoller reicher Onkel durch Enterbung wegnehmen kann.*
- *Die Gegenwart unseres Herrn: 24 Stunden am Tag, sieben Tage die Woche, 365 Tage im Jahr. Und zwar so, dass Sie von Männern, Frauen, Engeln oder Dämonen nichts mehr zu fürchten haben.*
- *Ein Anwalt im Himmel, der für Sie eintritt und Sie verteidigt, wenn Satan Ihnen seine Anklagen entgegenschleudert.*
- *Ein unbegrenzter Vorrat an Gnade, der Ihnen in Zeiten der Not helfen wird ... und noch unzählige andere unvergleichliche Vorteile.*

2. Am Kreuz werden wir »in ihm erfunden« (Phil 3,9)

Als wir zum Kreuz gekommen sind, haben wir Jesus Christus nicht nur gewonnen, sondern wir bekamen das Vorrecht *»in ihm erfunden«* zu werden. Das ist eine Vorstellung, die so großartig ist, dass unser Geist sie kaum begreifen kann. *»In ihm erfunden«* zu werden, bedeutet, dass Sie und ich in die Gerechtigkeit Jesu Christi eingehüllt werden. Versuchen Sie, sich das blendende, versengende weiße Feuer im Zentrum eines neuen Sterns vorzustellen, der am Himmel lodert. Nun, was wäre, wenn Sie diesen versengenden Glanz nehmen und ihn sich wie ein Gewand über die Schultern ziehen könnten?

Das ist der Anfang einer Beschreibung dessen, was es bedeutet, dass die Gerechtigkeit Jesu – des vollkommenen, sündlosen, fleckenlosen Lammes Gottes – unser ganzes Leben bedeckt.

Wenn wir nicht *»in ihm erfunden«* würden, könnten wir uns nicht im Gebet dem Thron Gottes nähern. Wir könnten uns nicht in die majestätische Gegenwart unseres Gottes begeben, ohne sofort zu verdampfen. Aber bedeckt mit der Gerechtigkeit unseres Herrn können wir uns zuversichtlich einem heiligen Gott nähern und ihn ohne Furcht anbeten. Wir können ihm unsere tiefsten Gedanken und Sehnsüchte in dem Wissen mitteilen, dass er hört und dass er sich darum kümmert. Und wir können Gnade und Barmherzigkeit finden, die uns in Zeiten der Not helfen.

Inmitten einer feindlichen und oft furchterregenden Welt kleidet er uns mit seinem eigenen Gewand und garantiert unsere Sicherheit für den gesamten Weg nach Hause. Um es einfach auszudrücken: Jesus bedeckt Sie. Wie meine Freunde von der Straße sagen würden: Du hast ihn im Rücken. Und wenn man dabei von einem heiligen Gott spricht, dann ist das ein Riesengeschäft!

3. Jesus zu haben und in ihm erfunden zu werden, garantiert unsere Auferstehung von den Toten (Phil 3,11)

Die bei Weitem populärste Vorstellung über das Leben nach dem Tod ist heute die Wiedergeburt. Ich kann um alles in der Welt nicht verstehen, warum jemand sich wünscht zurückzukommen, um die Katastrophe eines ganzen Lebens noch einmal durchzumachen. Aber wenn Sie Gottes Wort nicht haben, dann ist Ihre ganze Hoffnung eine vage Vorstellung von einem Menschen-Recycling.

Die nächste Haltestelle nach dem Tod ist aber kein neues Leben in einem anderen Körper, sondern Verantwortung für das, was ich im Leben getan habe und ich mit Jesus und seinem Angebot des ewigen Lebens gemacht habe. Wie das Wort Gottes sagt: *»Es ist den Menschen bestimmt, **einmal** zu sterben, danach aber das Gericht«* (Hebr 9,27). Aber in Jesus müssen wir den Tag des Gerichts nicht länger fürchten. Jesus hat deutlich gesagt: *»Ich bin die Auferstehung und das Leben; wer an mich glaubt, wird leben, auch wenn er gestorben ist; und jeder, der da lebt und an mich glaubt, wird nicht sterben in Ewigkeit«* (Joh 11,25-26).

Denken Sie nur: ein Ausweis, der uns das Gericht erspart und uns die Himmelstür öffnet, und während der finstersten Tage hier auf Erden die glanzvolle Hoffnung ewiger Freude ohne Leid. In Jesus singen wir übermütig und voller Zutrauen: »*WO IST, O TOD DEIN SIEG? WO IST, O TOD, DEIN STACHEL? Gott aber sei Dank, der uns den Sieg gibt durch unseren Herrn Jesus Christus!*« (1Kor 15,55.57).

Da haben Sie's.

Gibt es irgendetwas, das Sie haben,
irgendetwas, das sie zu haben hoffen,
irgendetwas, das Sie sind oder zu werden hoffen,
das sich mit Jesus vergleichen lässt?

Gibt es irgendjemanden, dem Sie zu mehr Dankbarkeit verpflichtet sind? Gibt es einen Grund – irgendeinen Grund –, warum er in Ihrem Leben nicht höher geschätzt wird, als alle und alles andere?

Denken Sie an die Zeit zurück, als Sie Jesus in Ihr Leben als Retter und Herrn eingeladen haben. Um diesen Vorteil der dreifach geschenkten Gnade zu erhalten, von der wir gerade gesprochen haben, mussten Sie alles, was Sie waren und hatten, am Fuß des Kreuzes zurücklassen und ohne eigenen Wert kommen. Erinnern Sie sich daran?

Sie mussten Ihre Liste mit Erfolgen zerreißen.

Sie mussten Ihr Tagebuch voller guter Taten verbrennen.

Sie mussten Ihre Sammlung Zeitungsausschnitte einstampfen.

Warum? Weil es am Kreuz nur um Christus und Christus allein geht.

Das ist genau das Argument von Paulus. Um Christus zu gewinnen, um in ihm erfunden zu werden, um die Auferstehung von den Toten zu erleben, musste Paulus alles als Verlust ansehen im Vergleich zu dem riesigen Wert, Jesus zu kennen. Und genauso ging es Ihnen. Genau dort, am Fuß des Kreuzes, legten Sie alle ihre Trophäen nieder, damit Sie Jesus erlangen konnten.

Gott hat sich nie eine Akte mit Errungenschaften angeschaut, sich an Petrus gewandt (man stellt sich ihn immer vor, wie er so am Himmelstor steht) und gesagt: »Sieh dir das an! Kaum zu glauben, dass wir jemanden von diesem Kaliber als Einwohner des Himmels bekommen können. Mach das Tor auf. Den behalten wir gerne!« Ganz im Gegenteil. Wie die Schrift sagt, werden wir aus Gnade durch Glauben gerettet, und das heißt, nicht aus uns selbst. Rettung ist ein Geschenk Gottes. Es geht nicht nach unseren Taten, denn wenn das so wäre, würden wir die Ewigkeit damit verbringen anzugeben.

Am Kreuz legen wir also all unsere Medaillen und Pokale nieder. Wir stehen vor ihm wie nackt und bitten um seine Barmherzigkeit und Gnade. Und statt uns zu richten, berührt er uns mit seiner Liebe, macht uns zu seinem Eigentum, kleidet uns in seine eigene, vollkommene Gerechtigkeit und garantiert unsere Auferstehung an jenem letzten Tag.

Vor dem Kreuz wurde all sein Wert uns angerechnet – es ist alles, was wir sind und haben. Am Kreuz hat nur er überragenden Wert.

Warum buddeln wir dann aber, nachdem wir alles, was wir haben, in Christus empfangen haben, wieder diese alten Pokale aus dem Müllhaufen aus? Wann haben wir aufgehört, uns ans Kreuz zu klammern und wieder unseren eigenen Wert betrachtet? Wie lächerlich, wie tief beleidigend muss es für Jesus sein, wenn wir wieder auf das zurückgreifen und in Anspruch nehmen, was wir freudig fallen ließen, um ihn zu gewinnen – als ob es jetzt wieder mehr Wert für uns hätte als zuvor. Hatte er nur bei unserer Errettung überragenden Wert? Natürlich nicht. Wir brauchen ihn jede Stunde, an jedem Tag, jeden Atemzug.

Richten Sie Ihren Blick auf Jesus.

Bleiben Sie jeden Tag beim Kreuz.

Erinnern Sie sich an die Barmherzigkeit und Gnade, die so überreich flossen, um Sie zu bedecken.

Klammern Sie sich an seinen blutbefleckten Kreuzesbalken.

Verlieren Sie sich selbst in der Herrlichkeit seiner erstaunlichen Gnade.

Und wenn Sie das tun, dann dauert es nicht mehr lange, und Sie haben das »Ich« an seine richtige Stelle gesetzt – und Jesus an seine.

Wenn unsere Haltung sich geändert hat, so dass das Ich aus dem Weg geräumt ist und wir Jesus höher schätzen als alles, was wir sind oder haben, dann sind wir bereit, Jesus an drei »Treffpunkten« zu begegnen. Wir begegnen ihm in den Versuchungen des Lebens, inmitten unserer Leiden und im Prozess der völligen Hingabe. Das mögen nicht die Orte sein, an denen Sie ihn vermuten.

Aber er ist dennoch dort.

Und er wartet auf Sie.

7. Kapitel

Erlöse uns von dem Bösen

Jesus in Zeiten der Versuchung erleben

Versuchungen. Wir alle kennen sie. Es sollte nicht schwer sein, sich an das letzte Mal zu erinnern, als Sie in der Spannung der Entscheidung zwischen Gut und Böse gefangen waren – oder zwischen etwas Gutem und etwas nicht so Gutem.

Wie leicht ist es doch, schnell zu lügen – so ein bisschen, um sich aus der Schlinge zu ziehen. Einem kleinen Ärgernis zu erlauben, sich zu einem lautstarken Zank oder handfesten Streit zu entwickeln. Unserem Geist zu erlauben, zum Brutschrank für Anstöße zu werden, die zu bösen Worten und verletzenden Racheplänen wachsen. Oder zu einer Spielwiese, auf der sich Fantasien eingraben und anfangen, sich in Haltungen und Handlungen auszudrücken.

Versuchungen sind überall. Sie tauchen in Zeiten des Sieges auf und schielen nach uns inmitten der Verzweiflung. Sie kleiden sich teuer, tragen schweres Parfum oder feines Rasierwasser, kommen uns hochtechnologisch im Internet entgegen, lassen Groll und Wut süß erscheinen und bieten uns Bitterkeit als Fünf-Sterne-Luxus an. Versuchungen locken uns, unseren Zweifeln nachzugeben und so zu leben, wie es uns im Augenblick gerade gut erscheint. Versuchungen lieben alles, was sich gut anfühlt. Kurz gesagt: Sie bieten uns prickelnde Sünde ... eine Zeit lang.

Trotz allem, was wir über die Versuchung wissen, können sich nur wenige von uns vorstellen, dass wir Jesus mitten in ihr erfahren können. Schließlich ist er der Sündlose. Er ist derjenige, der uns lehrte zu beten: »*Führe uns nicht in Versuchung* …« Versuchung? Das ist doch Satans Gebiet!

Dennoch ist es wahr. Versuchung ist einer der Orte, an denen wir eine neue Nähe zu unserem Herrn erfahren können. Und der Häufigkeit der Versuchungen in unserem Leben nach zu urteilen, wird das eine Gelegenheit, ihn regelmäßig zu erfahren!

Gleich werden wir erklären – oder besser gesagt, Paulus uns erklären lassen –, was er meint, wenn er schreibt: »… *um ihn und die Kraft seiner Auferstehung zu erkennen*« (Phil 3,10). Aber erst ist es wichtig, die Aussagen des Paulus über die Begegnung mit Jesus in Zeiten der Versuchung in den größeren Zusammenhang seiner Schriften zu stellen.

Bis zu diesem Punkt im Text hat Paulus in dem geschwelgt, was Theologen als *stellungsmäßige* Segnungen bezeichnen, die wir in Jesus haben. Wenn wir am Kreuz gewesen sind, dann sind wir in der bevorrechtigten Stellung, Christus gewonnen zu haben, in ihm erfunden zu sein und die Garantie zu haben, an der Auferstehung von den Toten Anteil zu haben (V. 8-9.11). Stellungsmäßige Segnungen sind wertvolle Realitäten, die uns durch die Gnade seines Werkes auf Golgatha *ohne Bedingung* sicher sind. Unglücklicherweise sind viele Nachfolger Jesu zufrieden, sich in dem zu sonnen, was wir in Jesus haben, ohne wirklich Jesus zu erfahren.

Paulus jedoch ist nicht einfach damit zufrieden, sich in diesen »stellungsmäßigen« Geschenken zu sonnen. Er macht deutlich, dass diese Segnungen – Jesus zu erlangen und in ihm erfunden zu werden – eigentlich dazu gedacht sind, dass wir Jesus täglich im realen Leben erfahren können.

Wenn Paulus Vers 10 mit »*um Ihn zu erkennen*« beginnt, verwendet er eine »Zweckbestimmungsklausel«. Einfach ausgedrückt, wir erlangen Christus und werden in ihm erfunden, *damit* wir eine erfahrbare Beziehung zu ihm haben. In diesen stellungsmäßigen Vorrechten zu baden, ohne weiterzugehen und Jesus zu erfahren, heißt, dass diese Geschenke ihren Zweck nicht erfüllen!

Ich habe einen Freund hier in Chicago, der eine Firma hat, die Ehrentribünen für berühmte Basketballvereine besitzt. Er vertreibt sogar Karten für Plätze in den ersten Reihen am Center-Court und sogar für solche direkt am Spielfeld, und zwar für alle Spiele des berühmtesten Vereins. Als Michael Jordan ein Star war, waren die Karten für seine Spiele wohl das höchstbegehrte Gut in der Stadt (und wie sind die Helden gefallen!). Jedes Jahr konnte ich, ob Sie es glauben oder nicht, an diese Karten kommen. Und was soll ich sagen? Es ist wunderbar. Die »Cubs« in Wrigley von der luxuriösen Umgebung einer Ehrentribüne aus zu erleben, oder den Luftzug im Gesicht zu spüren, wenn einer der NBA-Stars an einem vorbeizischt, ist ein absolut aufregendes Erlebnis für einen unverbesserlichen Sportfan.

Mein Freund tut alles für mich, damit ich dieses Erlebnis haben kann. Er überprüft meine Termine und schickt mir die Karten (manchmal sogar mit Parkkarte), dann ruft er mich an und fragt, ob mir das Spiel gefallen hat. Als guter Kamerad will er nicht nur wissen, ob ich die Tickets habe, sondern auch, ob ich bei dem Spiel auftauche, auf einem der besten Plätze sitze und das Erlebnis genieße.

Wie viel Sinn machte es, wenn ich diese Karten hätte – sie herumzeigte und jeden damit beeindruckte – aber mich dann entscheiden würde, nicht zum Spiel zu gehen? Ich würde mich nicht nur selbst um ein erstklassiges Erlebnis bringen, ich würde mich auch schämen, meinem Freund zu begegnen, weil er mich ja fragen könnte, ob das Spiel gut gewesen sei. Seine liebevolle Fürsorge zu vergeuden, ist einfach undenkbar.

Es wäre eine ähnliche Situation – nur unendlich viel ernster –, wenn wir den phänomenalen Preis vergeuden würden, den Jesus dafür gezahlt hat, damit wir eine enge und persönliche Beziehung zu ihm genießen können. Was ist also das Geheimnis? Wie können wir diese Art der Beziehung aktivieren? Paulus sagt uns, dass wir Jesus an drei Orten treffen müssen:

– in der Kraft seiner Auferstehung
– in der Gemeinschaft seiner Leiden
– und in der Gleichgestaltung seines Todes.

Lassen Sie uns herausfinden, wie wir Jesus an diesem ersten Treffpunkt begegnen – in seiner Auferstehungskraft.

Der erste Treffpunkt:
Jesus in seiner Auferstehungskraft erfahren

Paulus war hungrig nach Kraft. Und das war gut so. Gott möchte, dass auch Sie und ich nach Kraft hungern. Er möchte uns mit einer tiefen Sehnsucht infizieren, einem unstillbaren Hunger und einem überwältigenden Verlangen nach Kraft.

Aber nicht nach irgendeiner Kraft. Wenn wir nach der Auferstehungskraft Jesu Christi hungern und dürsten, dann sind wir auf dem Weg, ihn tiefer zu erfahren. Und ob Sie es mir glauben oder nicht, die Auferstehungskraft Jesu Christi wird am häufigsten in Zeiten der Versuchung erfahren.

Es könnte ein bisschen schwierig sein, diesen Gedanken zu verstehen, weil wir uns die Auferstehung als herrliches, zukünftiges Ereignis vorstellen. Und das ist sie sicherlich auch. Die Kraft der Auferstehung wird eine Ewigkeit ungehinderter Freude an unserer Gemeinschaft mit Jesus in Gang setzen.

Und das ist eine Kraft, die es wert zu besitzen ist.

Ich erinnere mich daran, wie D. James Kennedy über das Wunder der Auferstehung gepredigt hat. In seiner Predigt erinnerte er an die unglückliche Wendung für Roger Williams, den Gründer des Bundesstaates Rhode Island. Er wurde in einem sehr einfachen Grab bestattet, was seine Bewunderer mehrere

Jahre später dazu veranlasste, die Genehmigung einzuholen, seinen Leichnam zu exhumieren und ihm eine Beerdigung zukommen zu lassen, die einem Mann seines Formats würdig wäre. Stellen Sie sich die Bestürzung vor, als man entdeckte, dass die Wurzeln eines nahen Apfelbaumes sich in den Sarg gearbeitet hatten!

Ich erinnere mich an die Frage, die Dr. Kennedy hier stellte: »Was war nun mit Roger Williams geschehen?« Oder mit den Äpfeln, die aus ihm gewachsen waren. Oder mit den Leuten, die den Apfelkuchen gegessen hatten, der aus den Äpfeln dieses Baumes gebacken wurde. Oder denjenigen, die den Apfelkuchen gegessen hatten, auf See ertrunken und dann von Haien gefressen worden waren? Denken Sie nur an die Wunderkraft, die nötig ist, um Roger Williams wiederauferstehen zu lassen!

Aber die wirkliche Kraft der Auferstehung liegt in ihrer geistlichen Bedeutung – darin, was sie auf einem Gebiet bewerkstelligte, das weitaus größere strategische Bedeutung hat als das Zusammenfügen von verstreuten menschlichen Überresten.

Die Auferstehung ist im Wesentlichen der endgültige Sieg über Sünde, Tod und Hölle. Alle Kräfte des Bösen haben ihr Bestes gegeben, um ihren Erzfeind hinter einem großen, unbeweglichen Stein festzusetzen – von den kaiserlichen Garden des mächtigsten Reiches der damaligen Welt bewacht. Und dann, mit einem Wort von Gott – einem bloßen Hauch, wurde der Tod besiegt, und die Sünde und die Mächte der Hölle herrschen nicht länger. Jesus lebt, und in ihm ist die Kraft der Sünde schwach und unwirksam geworden.

Das ist die wahre Kraft der Auferstehung. Der Hunger nach dieser Macht wurde zu einer gewaltigen Sehnsucht im Herzen von Paulus. In ihr und durch sie, sagt uns der Apostel, werden wir Jesus Christus auf tiefere Weise erfahren als bisher.

Zwar stimmt es, dass Jesus uns lehrte zu beten, dass er uns

nicht in Versuchung führe, aber es gilt auch, dass er uns gelehrt hat zu beten, dass Gott uns vom Bösen erlösen möge.

Er wartet in jeder Versuchung, um Ihnen dort zu begegnen. Um Sie bei der Hand zu nehmen und von den Hammerschlägen des vermummten Peinigers zu befreien, der hinter allen Verlockungen lauert.

Wann war es das letzte Mal, dass Sie inmitten von bedrängender Versuchung nach Jesus Ausschau gehalten haben? Unser Problem ist, dass wir gar nicht wussten, dass er dort war! Meistens versuchen wir, den Zauber der Sünde durch eigene Kraft zu brechen, indem wir lernen, die Konsequenzen zu fürchten; indem wir versuchen, uns zusammenzureißen und gut zu sein; indem wir jemanden finden, dem wir seelsorgerlich Rechenschaft geben, oder durch ein Dutzend andere gute, aber nicht ausreichende Mechanismen.

Doch nur er kann Sie befreien.

Versuchung ist ihm nicht fremd. In der Wüste, erschöpft und hungrig vom Fasten, trat der König der Schöpfung zu dem großen Verführer in den Ring. Jesus sind unsere Kämpfe nicht fremd. Aus exakt diesem Grund erinnert uns die Heilige Schrift daran, dass er in jeder Hinsicht wie wir versucht wurde. Er versteht und verspricht uns, uns Gnade und Barmherzigkeit in Zeiten zu geben, wenn wir Hilfe nötig haben (Hebr 4,14-16).

Jede Versuchung ist eine Entscheidung. Eine Entscheidung, entweder unsere eigenen gefallenen Begierden zufriedenzustellen, oder Jesus zufriedenzustellen. *Und er ist da* – genau in dieser Krise der Entscheidung. Lernen Sie, auf ihn genau in dem Augenblick zu schauen, wenn die Versuchung bei Ihren Begierden angreift. Und wägen Sie die Entscheidung ab. Er bietet immer etwas an, das mehr wert ist als der Köder, der durch das Wasser ihres Herzens gezogen wird.

Sie müssen lügen, um ein Problem zu vermeiden? Geben Sie ihm Ihr Problem. *Er wird Ihnen durchhelfen; und die Wahrheit, die*

Sie sagen, wird Ihr Herz mit der Freiheit eines reinen Gewissens belohnen.

Sie würden gerne betrügen, um an zusätzliches Geld zu kommen? *Er wird alle Ihre Bedürfnisse erfüllen – durch ein Wunder, wenn es sein muss.*

Fühlen Sie sich von der Erregung eines sexuellen Erlebnisses angezogen? *Er bietet das langlebige Vergnügen eines reinen Herzens, ohne Ihre Seele zu verletzen oder zu beschmutzen.*

Meinen Sie, Sie müssten manipulieren, um ein Problem zu lösen? *Tun Sie nur das, was richtig ist. Er wird Ihre Schritte lenken und den Weg frei machen.*

Mit jeder Entscheidung, die Sie für ihn treffen, sind Sie ihm in dieser Entscheidung begegnet und haben seine Auferstehungskraft in Ihrem Leben erfahren. Und während er Sie vom Bösen errettet, wird die Reinheit in Ihrem Leben Ihre Herzenstür zu immer größerer Gemeinschaft mit ihm öffnen.

Ein Hörer unserer Sendung *Proclaim!* (Verkündige) schrieb von seinem Kampf, mit der Internet-Pornografie zu brechen. Er wusste, dass er mit jedem Klick Jesus verleugnete und sich immer weiter von ihm entfernte. Um sich an seine eigene Entscheidung zu erinnern, hat er schließlich ein Bild von Jesus in die Ecke seines Bildschirms eingefügt. Mit dieser Erinnerung an die Gegenwart Jesu war es ihm unmöglich, all diesen verlockenden Bildern weiter nachzugehen.

Schließlich geht es bei den meisten Sünden darum, Ihr Leben, Ihren Ruf, Ihr Vergnügen, Ihren Reichtum oder Ihre Sicherheit zu vermehren oder zu bewahren. Wenn es im Leben um Sie geht, dann hat die Sünde es leicht. Aber wenn Sie begonnen haben, sich in Ihrem Leben am Herrn zu erfreuen statt an sich selbst, dann werden Sie froh, ihm in der Versuchung zu begegnen und sich von ihm an die Hand nehmen zu lassen. Wenn Sie Jesus als höchsten Wert ihrer Existenz ansehen, dann werden Sie noch nicht einmal davon träumen, ihn für das vergiftete Essen aus der Hölle einzutauschen.

Wie Sie sicherlich wissen, haben Lieder manchmal die Eigenschaft, dass sie sich morgens im Kopf einnisten und den ganzen Tag bei uns bleiben. Neulich wachte ich auf und sang ein altes Lieblingslied von mir: »Ich will lieber Jesus haben, ... als unter der Sünde gefürchtetem Einfluss zu bleiben.« Den ganzen Tag, als die Versuchungen mein Herz angriffen, trieben mich diese Worte hin zu ihm.

Ich singe an vielen Tagen in meinem Herzen dieses Lied! Es hilft mir, Jesus in Zeiten der Versuchung zu begegnen und mein Herz rein und offen für den zu bewahren, der in mein Haus kommen und das Mahl mit mir halten möchte.

8. Kapitel

Das Problem mit der Nähe

Jesus in Zeiten des Leidens erfahren

Die transatlantische Verbindung knisterte vor Störungen, aber der Klang eines zerbrochenen Herzens am anderen Ende der Leitung war nur zu deutlich. Es war Craigs Frau Martha. Als sie sprach, fühlte ich mich innerlich ganz kaputt.

Craig und ich waren zusammen aufgewachsen. Wir gingen auf dieselbe Schule, spielten gemeinsam Fußball und sahen uns sogar so ähnlich, dass viele uns irrtümlicherweise für Brüder hielten. Er heiratete an der Uni eine hübsche Mitstudentin und ging nach seinem Abschluss zur Air Force.

Ich hatte mich jahrelang nicht mit Craig getroffen. Stellen Sie sich mein Erstaunen vor, als sich unsere Wege in dem Städtchen trafen, in dem ich meine erste Pastorenstelle angetreten hatte. Die Gerüchte besagten, dass Craig und Martha weit vom Herrn weg gewesen waren. Als Martie und ich hörten, dass sie ihr Leben erneut dem Herrn anvertraut hatten, war die Freude riesig. Schon bald wurden sie in unserer kleinen Gemeinde aktiv. Er machte Sonntagsschule für die Jungs von der Oberschule, Martha für die Mädchen. Schon bald führte Gott sie nach Haiti in eine Arbeit an Teenagern in Not.

Sie waren erst eine Woche in Haiti, und jetzt berichtete mir Martha, dass Craig eine schwere Verletzung erlitten hatte, als er in ein Schwimmbecken gesprungen war. Er überlebte die Nacht nicht. Martha war ganz allein dort. Sie war noch nicht einmal dreißig und schon Witwe. Ihre Träume und Hoffnungen zerbrachen. Wie konnte das sein? Es war nur Tage her, seit sie sich ganz neu dem Dienst Jesu geweiht hatten, und sie hatten nichts davon als unendlichen Verlust.

Hiobs Tröster hatten sicherlich in wenigem Recht, doch Elifas hatte nicht ganz Unrecht: *»Der Mensch«*, sagte er, *»ist zur Mühsal geboren, wie die Funken nach oben fliegen«* (Hi 5,7).

Lassen Sie uns den Tatsachen ins Auge sehen: Leid geschieht. Ja, wenn wir, wie ein Freund von mir sagte, wirklich die Tiefe des Sündenfalls verstehen würden, und die Macht, die die Sünde über diese Welt hat, dann wären wir erstaunt, dass überhaupt noch etwas *Gutes* passiert.

Das Problem mit dem Leid ist, dass es scheinbar nicht unterscheidet. Gute Menschen leiden. Schlechten Menschen geht es gut. Ausbeuter kommen scheinbar ungestraft davon. Kinder werden zu Opfern ihrer nach Crack süchtigen Eltern, und ältere Leute werden zunehmend vernachlässigt und an den Rand der Gesellschaft gedrängt.

Wir haben eine wunderbare Nachbarin, die über achtzig Jahre alt ist. Sie hat eine charmante Rauheit und ein bezauberndes Wesen. Scheinbar genießt sie es, in einigen Dingen nicht ganz auf der Höhe zu sein. Das ist ihre Macke, und wir lieben sie dafür. Sie behauptet, dass ihr täglicher Konsum von Gin und Zigaretten sie »frisch hält«. Ihre Schwester dagegen war eine Dame, wie sie im Buche steht. Weder trank sie noch rauchte sie. Sie hielt sich regelmäßig durch Schwimmen fit und klagte nie. Letzten Winter wurde sie während ihrer täglichen Schwimmrunde krank und lag tagelang im Krankenhaus im Koma, wo sie dann starb.

Unsere Nachbarin war wie gelähmt. Ihre Schwester war ihre einzige lebende Verwandte. Alles, was sie in den Tagen nach dem Tod ihrer Schwester sagen konnte, war: »Ich verstehe es nicht. *Ich wäre dran gewesen!* Meine Schwester war so ein guter Mensch.«

Die Wahrheit lautet natürlich, dass keiner von uns ausgenommen ist. Jesus sagte sehr deutlich: *»Hier auf der Erde werdet ihr viel Schweres erleben«* (Joh 16,33, Neues Leben). Und er sprach mit seinen besten Freunden!

Gibt es noch irgendjemanden auf diesem Planeten, der ernsthaft glaubt, dass diese Welt allmählich immer besser wird? Dass wir zivilisierter werden? Wenn Sie solche Gedanken haben, dann sollten Sie an die schrecklichen Ereignisse um den 11. September 2001 denken – oder nur an einem beliebigen Abend einige Minuten die Nachrichten anschauen.

Die gute Nachricht lautet, dass in all den schlechten Nachrichten ein besonderes Erlebnis mit Jesus liegt, wenn man es wahrnimmt – genau inmitten der Not.

Der zweite Treffpunkt:
Jesus inmitten der Gemeinschaft seiner Leiden erfahren

Unsere Instinkte befehlen uns, Bedrängnis zu meiden; sie zu bekämpfen. Sie als Eindringling zu hassen. Sich betrogen zu fühlen. Sich selbst zu sagen: *Das habe ich nicht verdient.* Und während sich diese Gedanken festsetzen, beginnt das große Durcheinander. Wir schmieden ein Komplott, wir manipulieren, wir ärgern uns, suchen nach Rache, zweifeln an Gott und seiner Güte, drohen, halten unseren Ärger fest, flirten mit Bitterkeit, ziehen uns zurück. Und wenn alles andere versagt, schmeißen wir eine große Selbstmitleids-Party. Übrigens, wenn Sie so eine Selbstmitleids-Party planen, schreiben Sie bloß keine Einladungen. Freunde könnten versuchen, Sie aufzumuntern – und das würde doch alles verderben.

Wer von uns das Angesicht Gottes inmitten der Bedrängnis sucht, wird dankenswerterweise entdecken, dass Gott nicht erstaunt ist, wenn Leiden kommt – und dass er möchte, dass wir ihn dort erleben.

Paulus wusste, dass er im Leiden die Gelegenheit bekam, Jesus tiefer und näher kennenzulernen. Wir entdecken dasselbe – den engeren, besseren Wandel –, wenn wir in Leidenszeiten die Verbindung zu ihm suchen. Wie Paulus es ausdrückt: Es gibt eine besondere Begegnung mit Christus, wenn wir an der »*Gemeinschaft seiner Leiden*« teilhaben (Phil 3,10).

Wenn Sie hier nur an das Kreuz denken, dann werden Sie zu kämpfen haben, Ihm in Ihren Leiden zu begegnen. Mit ziemlicher Wahrscheinlichkeit wird keiner von uns gekreuzigt werden – nicht wörtlich. Aber die Leiden Christi sind sehr viel weitreichender, und wir können uns mit ihnen viel besser identifizieren, als mit dem Unrecht von Golgatha.

Haben Sie sich je einsam, abgelehnt, falsch dargestellt oder missverstanden gefühlt? Sind Sie jemals stark eingeschränkt worden? Sind Ihnen Rechte oder Privilegien vorenthalten worden? Sind Sie von einem guten Freund verraten worden? Durften Sie nicht zu den Mächtigen gehören, und wurden von diesen sogar Pläne gegen Sie geschmiedet? Haben Sie jemals etwas Gutes getan und dafür büßen müssen? Haben Sie je die Bitterkeit der Ungerechtigkeit geschmeckt? Haben Sie sich je nach Freunden gesehnt, die Sie in jeder Not unterstützt hätten, nur um zu bemerken, dass die so mit ihren eigenen Nöten beschäftigt waren und auf Sie gar nicht aufmerksam wurden? Haben Sie unerträgliche Schmerzen erlitten? Haben Sie sich je von Gott verlassen gefühlt?

Dies und vieles andere sind die Leiden, die Jesus um unseretwillen ertragen hat. Er trug sie für uns in Liebe, geduldig und bereitwillig, damit uns »*durch seine Striemen Heilung würde*« (Jes 53,5).

Wenn Sie als Antwort auf eine dieser Fragen mit dem Kopf genickt haben, dann können Sie verstehen, was er für Sie gefühlt und gelitten hat.

Die Frage lautet nicht: Sind Sie zum Leiden bereit? Wir haben kaum eine Wahl. Die wirkliche Frage lautet: Sind Sie bereit, dort Jesus zu begegnen – mitten in Ihrem Leid?

Sind Sie bereit, diese Entscheidung zu treffen?

Wenn wir ihn mitten in unserem Leid erfahren wollen, dann müssen wir aufhören, wegen unserer Probleme zu jammern. *Warum tut er mir das an? Bin ich ihm gleichgültig? Fühlt er wirklich den Schmerz in meinem Herzen und die Angst meiner Seele? Hat er überhaupt eine Vorstellung davon, was er mich durchmachen lässt?* Tiefgreifender Zorn, Rachsucht, Bitterkeit, selbstverursachte Depression und Verzweiflung sind der Lohn, den wir mit dieser Haltung ernten.

Jesus hatte etwas Besseres im Sinn.

Wenn wir ihn wirklich erfahren wollen, müssen wir aufhören, Gott die Schuld zu geben. Wir müssen unseren egoistischen Wunsch nach Erleichterung revidieren und zum ersten Mal in unserem Leben erkennen, dass wir nun aus erster Hand erfahren, was er gefühlt und erfahren hat, als er für uns litt. Halten Sie an, und bestimmen Sie die Art des Schmerzes, den Sie empfinden. Durchdenken Sie die Leiden Christi und finden Sie den Punkt, an dem sein Leiden auf Ihres trifft. Bitten Sie ihn um Vergebung, dass Sie meinten, davon ausgenommen zu sein. Und wenn Sie seine Leiden in Ihren fühlen, dann danken Sie ihm dafür, dass er Sie genug geliebt hat, um so für Sie zu leiden.

Bleiben Sie mit ihm dort. Weigern Sie sich, von Satan zurück in die Bitterkeit und ins Selbstmitleid gezogen zu werden, und Sie werden merken, dass Jesus ein sinnstiftender Begleiter inmitten des Leids ist.

Wir müssen uns tief von dem Gedanken ergreifen lassen, dass wir im Leiden ein wenig von dem verstehen, was er für uns durchgemacht hat. Und vielleicht werden wir – Sandkorn für Sandkorn – anfangen, die Tiefe seiner Liebe zu uns zu begreifen. Was Worte nicht ausdrücken können, wenn man versucht, die wunderbare Liebe Jesu zu erklären, empfinden leidende Diener in der tiefsten Ebene ihrer Seele.

Das ist die Gemeinschaft seiner Leiden.

Das ist die Nähe einer mit Jesus geteilten Erfahrung.

An dieser Stelle wartet er auf die Begegnung mit uns. Es ist Zeit, dass wir aufhören, ihm im Leid den Rücken zuzukehren, und anfangen, in seine Arme zu fliehen.

Aber wir sind nur dann frei, so zu handeln, wenn wir aufgehört haben zu leben, um uns an uns selbst zu erfreuen. Wenn wir entschlossen sind, das »Ich« im Leben zu feiern, dann werden wir uns gegen die Prüfungen auflehnen und schnell verbittert werden, wenn sie sich immer länger hinziehen – ganz zu schweigen von der Schwierigkeit, Jesus im Leid zu begegnen, wenn wir Komfort und Frieden höher schätzen als unsere Nähe zu ihm. Wenn er der höchste Wert in unserem Leben ist, dann werden wir bereit sein, ihm in Zeiten der Bedrängnis zu begegnen.

Als ich am *Moody Bible Institute* gearbeitet habe, gab es vom Kuratorium die Anweisung, dass ich nicht alleine reisen durfte. Als unsere Kinder noch zu Hause waren, reiste ich oft mit einem Kollegen vom Institut. Wenn ich nach Hause zurückkehrte, kam ich in Marties Welt von laufenden Nasen, Schulbroten, Fahrdiensten und Gutenachtgeschichten. Ich versuchte, ihr so gut es ging von der Reise zu erzählen und ihr von allem zu berichten, was ich gesehen hatte, und von allen Leuten, denen ich begegnet war. Aber es gab eigentlich kaum eine Verbindung. Wie konnte es auch? Zum einen bin ich ein Mann. Und die meisten Männer lieben es, Ergebnisse zu präsentieren, statt Einzelheiten zu erzählen. Und zum anderen war sie einfach nicht dort gewesen. Nachdem ich also meine kurze Geschichte zum Besten gegeben hatte, versuchte sie wiederum, mir alles zu erklären, was geschehen war, während ich nicht da war – all die kleinen Freuden und Nöte, wenn man Kinder großzieht. Ich versuchte mein Bestes, um ihre Erfahrungen zu teilen.

Aber ich konnte es nicht wirklich. Ich war ja nicht da gewesen.

Heute jedoch sind unsere Kinder verheiratet und haben eigene Familien. Glücklich reisen Martie und ich oft gemeinsam. Zusammen begegnen wir neuen Orten und neuen Gesichtern, manchmal auch anstrengenden Versammlungen, wir sehen, wie der Herr durch den Dienst seines Wortes arbeitet und erfahren gemeinsam die Freude seines Werkes. Gemeinsam erleben wir verpasste Zug- oder Flugzeuganschlüsse und am Tisch eines Restaurants beim Abendessen wohltuende Gespräche mit neuen Freunden.

Wir kommen nach Hause und reden darüber, wo wir gewesen sind und was wir erlebt haben. Wir gehen unsere Erfahrungen noch einmal durch, lächeln über die lustigen Augenblicke und seufzen über die Geschichten von Leid und Schmerz, die uns auf dem Weg begegnet sind. Es ist erstaunlich, wie viel näher wir uns heute sind. Und das alles, weil wir etwas gemeinsam erlebt haben. Unser Leben besteht nicht länger aus zwei Welten, die sich nur zeitweise überschneiden. Unsere Welten sind dieselben, und wir kennen uns heute besser als je zuvor. Und es gefällt uns so!

Genauso ist es in unserer Beziehung zu Jesus. Sie sollten die Gelegenheiten zur Begegnung nützen, wo Ihre Welt mit seiner verschmilzt. Und Leid ist einer der Orte, an dem Ihre und seine Welt sich überschneiden. Wenn Sie sich entscheiden, Ihre Leidenszeit als Augenblick anzusehen, in dem Sie eine gemeinsame Erfahrung mit Gottes Sohn erlangen können, dann wird Ihre Vertrautheit mit Ihm zur vertieften Realität. Das ist eine Erfahrung aus erster Hand mit der Realität seiner Liebe zu Ihnen und dem hohen Preis, den er für Ihre Erlösung gezahlt hat.

Ja, Ihr Schmerz wird immer noch Schmerz sein – manchmal extrem schwer zu ertragen. Doch statt sich auf den Verlust zu konzentrieren, auf die Not, auf das Hindernis, werden Sie durch die Tür einer Gemeinschaft treten, weit über das hinaus, was Worte beschreiben können.

Nach Craigs tragischem Tod wurden wir alle von Fragen verfolgt. Warum, Gott? Warum jetzt? Warum sie? Aber Gottes Gnade stärkte Marthas Herz. Inmitten ihrer Verletzung beschloss sie, das Leiden als eine Erfahrung zu sehen, die sie mit Jesus teilt. Sie schrieb mir, dass sie sich entschlossen hatte, ihren Schmerz durch seinen Verlust am Kreuz zu sehen. Sie bemerkte die Einsamkeit und die Verzweiflung in ihrem Herzen und dachte an die Einsamkeit und Verzweiflung, die Jesus für sie erfahren hatte. Seine Worte: *»Mein Gott, warum hast du mich verlassen?«* (Mt 27,46), hallten durch ihre Seele. Sie fand Trost in der Zuversicht Jesu, dass sein Verlust nicht umsonst war, sondern dass sein Leiden Teil des weiseren und größeren Plans seines Vaters war. Sie beschloss, den Schmerz um der vor ihr liegenden Freude willen zu ertragen, genau so, wie Jesus es getan hat (Hebr. 12,2).

Martha erfuhr ungewöhnlich durchtragende Gnade, als sie Jesus in ihrem Verlust begegnete, und dies öffnete die Tür ihres Herzens für seine starke und beständige Gegenwart. Vor Kurzem schrieb sie nachdenklich: »Während dieser Zeit der Genesung meiner Gefühle offenbarte sich Gott mir auf eine Weise, die ich mir nicht vorstellen konnte. Leibliche, finanzielle, emotionale und geistliche Bedürfnisse wurden auf dramatische und übernatürliche Weise befriedigt.«

Heute lehrt Martha in einer großen Frauen-Bibelstunde, besucht Frauen im Gefängnis und hat einen Sohn, der als Missionar dient. Wäre sie Jesus nicht in ihrem Leid begegnet, so frage ich mich, wohin ihre niedrigeren Instinkte sie wohl geführt hätten.

9. Kapitel

Erfüllende Hingabe

Den ganzen Weg nach Gethsemane gehen

Bob sagte immer, dass er in engerer Gemeinschaft mit dem Herrn leben wolle, aber scheinbar war er ständig frustriert. Ganz gleich, was er tat, seine Sehnsucht nach Jesus erfüllte sich nicht.

Sein Pastor sagte ihm, dass er auf dieser Seite des Himmels eine solche Beziehung gar nicht erwarten könne. Aber Bob wusste in seinem Herzen, dass es mehr geben musste, mehr als er kannte. Was ihn wirklich frustrierte, war die Tatsache, dass andere scheinbar diesen engeren, näheren Kontakt hatten, den er sich so sehr wünschte. Deshalb wusste er, dass es möglich sein muss. In der Tat hatte er sich zeitweilig so sehr angestrengt, dass er sich von Gott frustriert fühlte. Er meinte oft, wenn Gott wirklich *»denen, die ihn suchen, ein Belohner sein wird«* (Hebr 11,6), dass er dann keine Belohnung mehr übrig gehabt haben müsse, als Bob nach vorne kam.

Er gab den Zehnten und mehr.

Er war Ältester seiner Gemeinde.

Er hatte regelmäßig Gemeinschaft mit Gott in Andacht und Gebet.

Er war gut zu seiner Frau und verbrachte Zeit mit seinen Kindern.

Manchmal fastete er sogar.

Was sollte er sonst noch tun? Was bitte erwartete Gott von ihm? Was waren seine Bedingungen?

Den Klagen von Bob zuzuhören, erinnert mich an die Zeit, in der Israel genau dasselbe empfand. In den Tagen des Propheten Micha reichten Sie im Himmel eine Klage ein. Ihr ganzer Ton schien zu zeigen, dass sie Gott die Entfernung übel nahmen, die er zwischen sich und ihnen aufrecht zu erhalten schien.

»Womit soll ich vor den HERRN treten, mich beugen vor dem Gott der Höhe? Soll ich vor ihn treten mit Brandopfern, mit einjährigen Kälbern? Wird der HERR Gefallen haben an Tausenden von Widdern, an Zehntausenden von Bächen Öls? Soll ich meinen Erstgeborenen geben für mein Vergehen, die Frucht meines Leibes für die Sünde meiner Seele?« (Mi 6,6-7).

Man kann die Frustration im Text nachempfinden. *Worum geht es dir, Herr? Was ist nötig, damit wir deine Nähe spüren? Haben wir irgendetwas übersehen?*

Der Herr antwortete gnädig mit einer Erinnerung an das, was er fordert. Er nannte drei Schlüssel, welche die Entfernung aufheben. (Ich bin immer dankbar gewesen, dass unser Gott ein Gott der kurzen Listen ist. Stellen Sie sich vor, wenn er uns einen Wälzer mit detaillierten Anforderungen gegeben hätte, denen entsprechend wir leben müssten. Angesichts seiner Heiligkeit hätte er genau das tun können. Aber er tat es nicht.) Was gefällt ihm? Gerechtigkeit üben, Barmherzigkeit lieben, demütig mit Gott leben.

Es war das *»demütig zu gehen mit deinem Gott«* (Mi 6,8), das Bob unwissentlich nicht getan hatte. Eine Grundhaltung der Demut ist vollständiger Gehorsam um jeden Preis. Wenn ich zu Gott »Nein« sage, einen Bereich meines Lebens ihm nicht übergebe, oder etwas zurückhalte, was er von mir verlangt, dann sieht er es als das an, was es ist – eine Handlung willentlichen Stolzes. Und Petrus erinnert uns daran, dass Gott dem Hochmütigen widersteht (1Petr 5,5). Das hört sich an wie ein deutlicher Hinweis darauf, warum einige von uns sich fühlen, als ob sie von Jesus auf Armlänge auf Distanz gehalten werden.

Für Pharao war es eine schwierige Aufgabe, das Volk Gottes ziehen zu lassen. Die Israeliten waren das Herzstück der Arbeiterschaft Ägyptens. Sie waren das Rückgrat der Wirtschaft. Gott hatte den ägyptischen König gebeten, etwas sehr Schwieriges und phänomenal Riskantes zu tun. Als dieser sich weigerte, sagte Gott durch Mose zu ihm: *»Bis wann willst du dich noch weigern, dich vor mir zu demütigen?«* (2Mo 10,3).

Jesus demütigte sich selbst und wurde gehorsam bis zum Tod, sogar bis zum Tod am Kreuz (Phil 2,8). Was genau der Ansicht des Paulus über die Begegnung mit Jesus entspricht, wenn wir seinem Tod gleichgestaltet werden (Phil 3,10).

Der dritte Treffpunkt: völlige Hingabe

Paulus schreibt, dass die dritte Art, wie wir Jesus in unserem Leben erfahren können, durch die bereitwillige Gleichgestaltung mit seinem Tod geschieht (Phil 3,10). Und wieder dürfen wir daran nicht nur im Zusammenhang mit seiner Kreuzigung denken. Es geht nicht darum, zu sterben, damit wir in den Himmel kommen und Jesus dort erfahren. Es geht darum, die Dynamik des Todes Jesu in unserem Leben zu verstehen und unser Leben diesem Vorbild anzugleichen.

Eigentlich begann der Tod Jesu lange vor dem Kreuz, nämlich in der vergangenen Ewigkeit, als Jesus sich freiwillig der Anordnung des Vaters unterwarf, für die Sünden der Welt zu sterben. In der Weltgeschichte wurde diese Hingabe im Garten Gethsemane wiederholt. Dort durchlebte er, während seine Freunde schliefen, die entsetzlichen Schmerzen der schwersten Entscheidung seines Lebens. Sein Vater bat ihn, ans Kreuz zu gehen, wo die Schmerzen und die Qual der Sünden der Welt seine sündlose Seele niederdrücken würden, während Soldaten ihn verspotteten und neugierige Zuschauer ihn anstarrten.

Die Evangelien berichten, dass der Kummer dieser Entscheidung so schmerzlich war, dass er dabei wörtlich Blutstropfen schwitzte. Jede Schweißdrüse ist von einem ganzen Netz winziger Blutgefäße umgeben, mit denen sich unser Körper selbst kühlt. Der Augenblick der extremen Krise war für Jesus so heftig, dass diese Gefäße unter dem Druck platzten. Die Entscheidung richtete jeden Aspekt seines Wesens zugrunde. Die Kosten überstiegen alles Maß, und wir können sie nicht verstehen.

Es ist deshalb nicht überraschend, dass Jesus in seiner Menschlichkeit vor diesem Grauen zurückschreckte – indem er den Vater fragte, ob es nicht einen anderen Weg gebe. Doch schließlich äußerte er, obwohl seine Lippen vor Angst vertrocknet waren und seine Stimme schwer wie von der Last des auf ihn zukommenden Kreuzes klang, die unvergesslichen Worte unvergleichlicher Entschlossenheit: *»Doch nicht mein Wille, sondern der deine geschehe«* (Lk 22,42).

In seinen Tod umgestaltet zu werden, bedeutet *volle Hingabe* an den Willen unseres Vaters – ganz gleich, was die Konsequenzen sein mögen. Keine Ausreden, keine Ausnahmeklauseln. Keine Verhandlungen. Und es geht nicht nur um Hingabe für einen Augenblick, es geht darum, in unserem Entschluss fest zu bleiben, bis wir vollkommen gehorcht haben. Als sich der erschöpfte Jesus von seinem Gebet erhob, konnte er schon die Fackeln der sich nähernden Menge sehen, die seinen Tod verlangte. Judas kam ihm entgegen und verriet den Herrn des Lebens mit einem Todeskuss. Jesus hätte auf Judas einschlagen, ihm die Schuld zuschieben und den Behörden sagen können, dass sie sich mit einem Mann verbündet hatten, dessen Motive in höchstem Maße verdächtig waren.

Aber Jesus ließ sich nicht abhalten. Als Petrus sein Schwert aus der Scheide zog, einem der Knechte ins Gesicht schlug und dabei sein Ohr verletzte, hätte Jesus jedes Recht gehabt, den Streit eskalieren zu lassen. Er hätte zwölf Legionen Engel zu seiner Hilfe rufen und von seiner Macht Gebrauch machen können, um seine Unschuld zu verteidigen. Stattdessen harrte er in der Hingabe aus. Als Vorbild für das, was er am Kreuz tun würde, liebte er seine Feinde und heilte das Ohr des Verwundeten.

Hingabe ist das eine. Etwas ganz anderes ist es, dabei zu bleiben, wenn einem die Gelegenheit geboten wird, sich gerechtfertigterweise von seinem Entschluss zurückzuziehen. Durch all die schrecklichen Stunden hindurch, die nun folgten, in denen der fehlerlos gerechte Jesus durch die korrupten Gerichtshöfe gezerrt wurde, weigerte er sich, die Anklagen und Verleumdungen seiner Gegner zu erwidern.

Petrus war dabei. Er wusste es. Jahre später sollte er schreiben: *»Denn hierzu seid ihr berufen worden; denn auch Christus hat für euch gelitten und euch ein Beispiel hinterlassen, damit ihr seinen Fußspuren nachfolgt: … der, geschmäht, nicht wieder schmähte, leidend, nicht drohte, sondern sich dem übergab, der gerecht richtet«* (1Petr 2,21.23).

Das ist das Vorbild, dem wir in unserem Leben folgen sollen, wenn wir Jesus kennenlernen wollen.

Eine unerschrockene und nicht verhandelbare Loyalität gegenüber Jesus – ganz gleich, was die Kosten sind – ist der Schlüssel zu einer vertieften, engen Gemeinschaft mit ihm. Gleichgültig, was er verlangt. Diejenigen, die sich ihm nähern wollen, treffen ihn an dem schweißbefleckten Felsen im Garten und wiederholen zerbrochen mit ihm die Worte: *»Nicht mein Wille, sondern der deine geschehe«* (Lk 22,42).

Dies ist eine Entscheidung, die unsere gesamte Existenz betrifft. Nichts ist ausgenommen: Beziehungen, Immobilien, Finanzen, Ehepartner, Kinder, Enkel, Wünsche, Träume, Pläne, Haltungen und Taten gehören alle dazu.

Die Entscheidung verlangt, dieses erfüllende Verhältnis mutig und entschlossenen zu beenden.

Sie verlangt, dass wir nicht mehr an den Rändern der Erotik

herumflirten, und den sofortigen Entschluss, alle Gelegenheiten des voyeuristischen Vergnügens durch Pornografie auszuschalten.

Sie verlangt Neid, tief gehenden Ärger und Bitterkeit zu vertreiben, die an unseren Beziehungen nagen. Gethsemane verlangt all dies. Bleiben Sie bei dem Fels, bis es nichts mehr gibt, was Sie zurückhält. Dann erheben Sie sich, nehmen Sie Ihr Kreuz auf sich und folgen Sie ihm nach. Wenn wir entschlossen sind, uns am Herrn zu erfreuen statt an uns selbst und wir Jesus und seinen vollkommenen Willen höher achten als unsere eigenen Rechte, Privilegien und Besitztümer, dann ist das Kreuz der Hingabe eine Ehre, keine Last.

Aber es gibt mehr. Denken Sie noch eine Minute gemeinsam mit mir nach. Wir wissen, dass das Thema des Kreuzes Liebe ist. Liebe sogar zu denen, die Gott in ihrer Sünde und Auflehnung tief verletzt haben. Und Jesus hat genau für diese Menschen sein Lebensblut gelassen.

Er starb für die Pharisäer, die ihn fälschlich anklagten.
Er starb für die Soldaten, die ätzend grausam waren.
Er starb für den Hohen Rat, der seine eigenen Gesetze brach, um ihn zu verurteilen.
Er starb für Pilatus, der politischem Druck nachgab.
Er starb für Herodes, der spottete und höhnte.
Er starb für die, die ihn hinrichteten und keine Gnade kannten.
Er starb für alle, die in der Vergangenheit oder in der Zukunft dem Vater, den er liebte, ins Angesicht spieen und ihn verhöhnten.
Und er starb für Sie und für mich, als wir noch in Sünde und Auflehnung lebten.

Kurz gesagt, beim Kreuz geht es darum, unsere Feinde zu lieben. Es geht um Gnade für die, die nichts als Vergeltung verdient hätten. Es geht darum, etwas für einen anderen auszubaden, den

Ungerechten gerecht zu behandeln. *»Seinem Tod gleichgestaltet«* (Phil 3,10) zu werden bedeutet, dass ich bereit bin, denen zu vergeben, die mich grausam verletzt haben, denen Liebe zu erzeigen, die meine Verachtung verdient hätten, und etwas für meine Feinde auszubaden, wenn es nötig ist. Ich tue dies in dem Wissen, dass Gott selbst eines Tages gerecht an meinen Feinden handeln wird. Aber noch wichtiger: Ich tue dies, weil ich dort Jesus treffen kann.

Warum war Bob so frustriert und enttäuscht, als er versuchte, näher zu Jesus zu kommen? Die Antwort liegt weit zurück in den Tagen seiner Kindheit. Bobs Vater hatte seine Mutter verlassen, als er klein war. Aber er war nicht so klein gewesen, dass er nicht mit den schrecklichen Erinnerungen und den seelischen Wunden leben musste. Bobs Vater hatte mit mehreren Frauen in der Stadt Verhältnisse, und schließlich brannte er mit der besten Freundin seiner Frau durch und heiratete sie. Er lebt heute in einem Ort nicht weit von Bob entfernt, und Bob hat vor langer Zeit geschworen, dass er seinem Vater nie vergeben würde.

Das Risiko war zu groß.

Die Furcht vor weiterer Ablehnung war zu stark.

Der Gedanke daran, alte Wunden wieder aufzurühren, war zu entmutigend.

Die Aussicht, die zerbrochene Beziehung wiederherzustellen, schien ein zu hoher Berg zu sein, um ihn erklimmen zu können.

Deshalb mied Bob den Kontakt. Er weigerte sich, auch nur einen Zentimeter in Richtung Versöhnung zu gehen. Nach seiner Meinung war dieser Mann die letzte Person auf Erden, die seiner Liebe und Vergebung würdig war. Auf diesem Gebiet seines Lebens, so nahe dem Zentrum seines Herzens, weigerte Bob sich, in das Bild des Todes Christi gleichgestaltet zu werden. Er weigerte sich, mit Jesus in Gethsemane niederzuknien und sich der schmerzlichen Aussicht zu stellen, seinem Vater zu begegnen und ihm zu vergeben. Die Worte *»nicht mein Wille, sondern der* *deine geschehe«* waren Bob noch nicht über die Lippen gekommen, geschweige denn in sein Herz.

Jesus kann sich keinem Herzen nähern, das sich gegen seinen Willen verschließt. Wenn wir die Fülle seiner Gegenwart erleben wollen, dann müssen wir mit ihm in den Garten gehen, in Hingabe niederknien und mit seinem Handeln übereinstimmen – auch denen gegenüber, die es in unserem Leben am wenigsten verdient haben. In diesem Licht ist volle Hingabe – *ganz gleich, was sie kosten mag* – auch immer beglückende Hingabe. Denn genau durch diese Hingabe lernen wir Jesus ganz kennen und erfahren seine Gemeinschaft tiefer als je zuvor.

Eigentlich fängt es dann erst an, einen Sinn zu haben. Wenn es im Leben in der Hauptsache um mich geht, werde ich kaum seine Rettung inmitten einer verlockenden Versuchung willkommen heißen. Der Köder des Augenblicks wird zu vielversprechend und befriedigend erscheinen. Wenn es im Leben um mich geht und darum, dass ich es bequem und einfach habe, dann ist Leiden ein unwillkommener Eindringling, dem man widerstehen und den man verachten muss. Ein egozentrisches Leben kennt das Wort »Hingabe« nicht. Aber wenn wir dem giftigen Nebel der Genusssucht entkommen, dann sehen wir das überzeugende Gesicht Jesu. Er heißt uns zu der engen Gemeinschaft mit ihm willkommen, die solch einen überragenden Wert besitzt. Wenn er zu unserem höchsten Gut wird, dann wird sich keine Versuchung mit der Freude ungehinderter Gemeinschaft messen können. Kein Leiden wird zu groß sein, um uns von dem Vorrecht der gemeinsamen Erfahrung mit ihm abbringen zu können. Und keine Herausforderung wird so anspruchsvoll sein, dass wir uns nicht bereitwillig mit ihm in voller Hingabe niederknien.

Und so wartet er darauf, dass wir ihn mehr als uns selbst lieben und wertschätzen ... er wartet darauf, uns zu begegnen. Und wenn wir ihm begegnen, dann erfreut die Erfahrung seiner Gegenwart unsere Seele und lässt uns nach mehr verlangen.

Das Gebet des Suchenden

Wer die Freude seiner Gegenwart genießt, hat dafür gesorgt, dass in seinem Leben *nur Jesus zählt.*

Er lebt dann, um ihm zu begegnen, wo immer er zu finden ist: in der Wüste der Angriffe Satans ... im Leiden, das er ertrug, weil er uns geliebt hat ... und bei dem Felsen in Gethsemane, wo die Hingabe ihre größte Stunde hatte.

Geliebter Herr, aus der Tiefe meines Herzens bitte ich Dich um vollständige Reinigung. Gib mir die Gnade, mein Ich an seinem angemessenen Platz zu halten, damit in meinem Leben nur Du zählst. Inmitten all meiner Gewohnheiten, Erfolge und Enttäuschungen hilf mir, mich immer an Dir zu erfreuen und Dich für wertvoller zu halten als jedes irdische Gut. Begegne mir in der Versuchung und erlöse mich vom Bösen. Und wenn ich leiden sollte, dann hilf mir, innezuhalten und Deinen Schmerz zu fühlen und Dich umso mehr zu lieben, weil Du für mich gestorben bist. Jesus, ich möchte den heutigen Tag auf gebeugten Knien an Deiner Seite in Gethsemane verbringen. Was du von mir forderst, will ich tun. Danke für die Verheißung, dass Du denen ein Belohner sein wirst, die Dich suchen. Ich suche Dich – von ganzem Herzen. Ich bitte demütig, dass Du mein Herz zu Deiner Zeit und auf Deine Weise mit der Erfahrung deiner Gegenwart zufrieden stellst. Ich bete in deinem wunderbaren Namen, Amen.

»Siehe, ich stehe an der Tür und klopfe an; wenn jemand meine Stimme hört und die Tür öffnet, zu dem werde ich hineingehen und mit ihm essen, und er mit mir.«
(Jesus Christus, Herr des Universums, in Offenbarung 3,20)

TEIL 2

JESU SPRACHE DER LIEBE

Also: Im Leben zählt nur Jesus.

Ist das unsere Schlussfolgerung? Geht es in diesem Buch nur darum?

Nicht ganz.

Eine lebendige Beziehung ist niemals eine Einbahnstraße. In einer Ehe ist das offensichtlich – oder auch in jeder tieferen Freundschaft. Und dasselbe gilt für unsere Beziehung mit Gottes Sohn. Jesus zu folgen, ist deutlich mehr als ein behagliches, zufriedenstellendes Erlebnis mit ihm. Es geht um Ihre Liebe zu ihm, die Sie ihm erwidern. Eine Liebe, die sich so ausdrückt, dass sie ihn erfreut, so wie seine Liebe uns erfreut.

Wussten Sie, dass der Herr Jesus eine Sprache der Liebe hat? Es ist ein erschreckender Gedanke, dass Jesus sich möglicherweise trotz all meiner Aktivitäten, allem Betrieb und all meinem Tun für ihn letztendlich nicht von mir geliebt fühlt. Alles, was ich in seinem Namen getan habe, alles, was ich in seinem Namen versucht habe – mich an Regeln zu halten, mich aus Schwierigkeiten herauszuhalten, an gesunder Lehre festzuhalten –, wird zwar sicher geschätzt, aber es könnte sein, dass es kein Ausdruck der Liebe ist, der wirklich sein Herz berührt.

In seinem hervorragenden Buch *Die fünf Sprachen der Liebe* äußert Gary Chapman den Gedanken, dass wir alle in einer Familie aufwachsen, wo wir eine Sprache der Liebe lernen. Er analysiert fünf verschiedene Möglichkeiten, uns geliebt zu fühlen. In vielen Beziehungen müht man sich ab, weil eine Person ihre Liebe in ihrer spezifischen Liebessprache ausdrückt, während die Person, der sie Liebe vermitteln will, eine ganz andere Sprache der Liebe spricht – und sich überhaupt nicht geliebt fühlt.

Eine Sprache der Liebe sind z. B. Worte der Bestätigung. Wenn Sie also in einer Familie aufgewachsen sind, in der Sie von Ihren Eltern durch Bestätigung geliebt wurden, dann gehen Sie zunächst davon aus, dass das die Art ist, wie sich jeder geliebt fühlt. Aber unglücklicherweise haben Sie eine Frau geheiratet, die in einer Familie aufgewachsen ist, wo die Liebessprache Geschenke und freundliche Taten waren. Schließlich, nachdem Sie sie monatelang bestätigt haben, ruft ihre Frau ganz frustriert aus: »Manchmal meine ich, du liebst mich überhaupt nicht.«

Sie hatten sie mit Worten überschüttet.

Sie wartete auf bedeutungsvolle kleine Gesten Ihrer Liebe.

Als Martie und ich jung verheiratet waren, und es mit dem Geld sehr knapp war, weil wir beide noch studierten, erinnere ich mich, dass ich eines abends auf dem Weg nach Hause in einen Blumenladen ging und für ein Dutzend Rosen einen besorgniserregend hohen Geldbetrag ausgab. Weil echte Liebe keine Ausgaben scheut, schluckte ich sehr, als man mir den Preis sagte und kaufte die Rosen trotzdem. Nachdem ich in unserer engen, kleinen Wohnung ankam, versteckte ich die Rosen hinter meinem Rücken, gab ihr einen Kuss auf die Wange und hielt ihr die Rosen als Zeichen meiner Liebe entgegen – wie man das halt so macht.

Sie roch daran, lächelte, drehte sich um, und ging mit den Rosen in die Küche, um sie in Wasser zu stellen. Sie ließ mich einfach so stehen.

Ihre Reaktion war höflich, dankbar, aber ich dachte, dass sie vielleicht in Ohnmacht fallen würde oder so. Sie wissen schon: wie im Film! Und so folgte ich ihr in die Küche und fragte sie, ob irgendwas nicht stimmen würde. Darauf antwortete sie sanft: »Die Rosen sind schön, Joe, aber was haben die gekostet?«

Ich weiß jetzt, dass Rosen nicht Marties Sprache der Liebe sind. So gut ich es gemeint hatte, ich hatte das Ziel verfehlt. Und obwohl ich später entdeckt habe, dass ihre Sprache der Liebe kostspieliger als Rosen ist, war dies eine wichtige Lektion, die ich zu lernen hatte.

Und es ist wichtig für uns zu wissen, was die Sprache der Liebe unseres Herrn wirklich ist, damit wir auf ihn so reagieren können, dass sein Herz berührt wird und es ihn so erfreut, wie er uns zu erfreuen sucht.

Also, was ist seine Sprache der Liebe?

Sind Sie bereit?

Ihm geht es um Menschen.

Alle Arten von menschlichen Wesen; von den Geringsten über die Verlierer und die Lahmen und Schwachen bis zu den tief greifenden Bedürfnissen der Reichen und Mächtigen. Sein Herz hat immer für Menschen geschlagen. Aber er ist jetzt nicht leiblich anwesend, um seinem Herzensanliegen Ausdruck zu verleihen und sich um die Bedürfnisse von Menschen zu kümmern. Daher bittet er uns, unsere Liebe zu ihm zu zeigen, indem wir so an ihnen handeln, wie er es tun würde, wenn er hier wäre.

Ich weiß, dass Sie gerne nach einer leichteren Liebesaufgabe in diesem Abenteuer mit ihm Ausschau gehalten hätten, aber wenn Sie und ich wirklich entschlossen sind, ihm nachzufolgen, dann müssen wir wissen, dass sein Weg zielgerichtet auf Menschen zugeht.

Die Geschichte

»Nach diesem offenbarte Jesus sich wieder den Jüngern am See von Tiberias. Er offenbarte sich aber so: Simon Petrus und Thomas, genannt Zwilling, und Nathanael, der von Kana in Galiläa war, und die Söhne des Zebedäus und zwei andere von seinen Jüngern waren zusammen. Simon Petrus spricht zu ihnen: Ich gehe hin fischen. Sie sprechen zu ihm: Auch wir gehen mit dir. Sie gingen hinaus und stiegen in das Boot; und in jener Nacht fingen sie nichts.

Als aber schon der frühe Morgen anbrach, stand Jesus am Ufer; doch wussten die Jünger nicht, dass es Jesus war. Jesus spricht nun zu ihnen: Kinder, habt ihr wohl etwas zu essen? Sie antworteten ihm: Nein. Er aber sprach zu ihnen: Werft das Netz auf der rechten Seite des Bootes aus! Und ihr werdet finden. Da warfen sie es aus und konnten es vor der Menge der Fische nicht mehr ziehen. Da sagt jener Jünger, den Jesus liebte, zu Petrus: Es ist der Herr! Simon Petrus nun, als er hörte, dass es der Herr sei, gürtete das Oberkleid um – denn er war nackt – und warf sich in den See. Die anderen Jünger aber kamen in dem Boot – denn sie waren nicht weit vom Land, sondern etwa zweihundert Ellen – und zogen das Netz mit den Fischen nach.

Als sie nun ans Land ausstiegen, sehen sie ein Kohlenfeuer liegen und Fisch darauf liegen und Brot. Jesus spricht zu ihnen: Bringt her von den Fischen, die ihr jetzt gefangen habt! Da ging Simon Petrus hinauf und zog das Netz voll großer Fische, hundertdreiundfünfzig, auf das Land; und obwohl es so viele waren, zerriss das Netz nicht. Jesus spricht zu ihnen: Kommt her, frühstückt! Keiner aber von den Jüngern wagte, ihn zu fragen: Wer bist du? Denn sie wussten, dass es der Herr war. Jesus kommt und nimmt das Brot und gibt es ihnen und ebenso den Fisch. Dies ist schon das dritte Mal, dass Jesus sich den Jüngern offenbarte, nachdem er aus den Toten auferweckt war.

Als sie nun gefrühstückt hatten, spricht Jesus zu Simon Petrus: Simon, Sohn des Johannes, liebst du mich mehr als diese? Er spricht zu ihm: Ja, Herr, du weißt, dass ich dich lieb habe. Spricht er zu ihm: Weide meine Lämmer! Wieder spricht er zum zweiten Mal zu ihm: Simon, Sohn des Johannes, liebst du mich? Er spricht zu ihm: Ja, Herr, du weißt, dass ich dich lieb habe. Spricht er zu ihm: Hüte meine Schafe! Er spricht zum dritten Mal zu ihm: Simon, Sohn des Johannes, hast du mich lieb? Petrus wurde traurig, dass er zum dritten Mal zu ihm sagte: Hast du mich lieb? und sprach zu ihm: Herr, du weißt alles; du erkennst, dass ich dich lieb habe. Jesus spricht zu ihm: Weide meine Schafe!«

Johannes 21,1-17

10. Kapitel

Die ultimative Frage

Und wie lautet Ihre Antwort?

»Ich kündige!«

Sie können diese Worte Ihrem Chef, Ihrem Trainer oder Ihrem persönlichen Berater sagen. Aber nehmen Sie meinen Rat an: Sagen Sie das nie zu Jesus.

Nicht dass Ihnen nicht danach sein wird – es wird Ihnen ganz sicher gelegentlich danach sein. Zu versuchen, das Leben mit Jesus in der Welt der Menschen erfolgreich zu führen, kann jeden an seine Grenzen bringen.

Aber was Sie im Hinterkopf behalten sollten, wenn Sie versucht sind, zu einem Leben nach Ihren eigenen Bedingungen zurückzukehren, ist, dass Jesus Sie niemals fragen wird, warum. Er weiß es. Er hat genug Zeit auf unserem Planeten verbracht, um zu erkennen, wie schwer das zeitweilig ist. Wie herausfordernd, wie wenig lohnend, und wie schwierig die Menschen sein können. Wie entmutigend kann es sein, die wirklich schweren Aufgaben für Gott zu erledigen, wie qualvoll, in der Spur zu bleiben – während Ihre Freunde friedlich in einem Garten bei Sonnenuntergang schlummern.

Mit tiefer Anteilnahme, in der die persönlichen Auswirkungen deutlich werden, sagt er dann: »Ich dachte, du liebst mich!« Wenn wir bereit sind auszusteigen, dann nimmt Jesus das immer persönlich.

Jesus nachzufolgen ist ein großes Privileg – ganz zu schweigen von dem Vertrauen und der Sicherheit, die man erhält, wenn man jemanden vor sich hat, der weiser und stärker ist, als man selbst je zu sein hoffen könnte. Aber wenn wir ihm folgen, dann bedeutet das immer, dass wir direkt auf Menschen zusteuern. Es gibt nur ein Unternehmen, das für Jesus zählt – ein einziges. Und das ist die Hege und Pflege von Menschen. Deshalb macht er uns zu Eltern, Ehegatten, Ältesten, Freunden, Kollegen und Kleingruppenleitern. Deshalb sind wir mit Ohren zum Hören ausgestattet, mit Stimmen zum Ermutigen, Ermahnen und Tadeln, Armen zum Umarmen und Besitz zum Teilen. Deshalb sind uns Gnadengaben gegeben worden, mit denen wir dienen und unser Mitgefühl ausdrücken können, mit denen wir lehren, führen, ermahnen, Gastfreundschaft üben, geben können und was immer noch, um anderen zum Segen zu werden und ihnen zu nutzen.

Menschen sind sein Ziel!

Wir sind die Werkzeuge, die seine Liebe und seine Fürsorge zu den Menschen bringen, denen sein Interesse gilt. Und das ist so ziemlich jeder! Deshalb heißt Kündigung unsererseits, dass seiner Leidenschaft für Menschen ein wirklicher Schlag versetzt wird.

Ich weiß, sich für Menschen einzusetzen, kann entmutigend sein. Wir heiraten in einem Augenblick mit großen Augen voller Erwartung, nur um einige Zeit danach zu erkennen: »Das läuft nicht so, wie ich mir das vorgestellt habe.« Ich kenne keinen schnelleren Weg, sich als Versager vorzukommen, als sich auf die Hege und Pflege von Menschen zu konzentrieren. Brüllend betreten wir die Arena der Bedürfnisse, nur um zu entdecken, dass wir zu viel versprochen und zu wenig getan haben, dass wir nicht die richtigen Antworten haben und uns die Energie oder auf lange Sicht die Begeisterung fehlt. Und wenn uns dann die Entmutigung oder das Versagen nicht erwischen, dann werden es sicherlich die Ablenkungen schaffen. Der Köder des Irdischen und das Ansammeln von Dingen, von denen wir meinen, dass sie unserer eigenen Hege und Pflege dienen, ist oft ein starker Zug in die falsche Richtung. Schließlich ist es einfacher, wenn wir uns auf unsere eigenen Bedürfnisse konzentrieren, als auf die der Menschen um uns herum.

Aber genau dann, wenn Sie sich entmutigt fühlen, genau dann, wenn Sie sich wie ein Versager fühlen, oder wenn Sie meinen, dass Sie von den Ablenkungen des Lebens fast gelähmt werden, dann taucht Jesus auf, um die bohrende Frage zu stellen:

»Liebst du mich?«

Und die Frage selbst weist uns darauf hin, dass es, wenn wir andere Menschen erreichen wollen, nicht auf diese Menschen oder gar auf uns ankommt. Es geht um eine Berufung, die von unserer Liebe zu Jesus motiviert und gespeist wird.

Nehmen Sie zum Beispiel Petrus. In Johannes 21,15-17 prüft Jesus das Herz von Petrus mit dieser Frage: *»Simon, Sohn des Johannes, liebst du mich?«*

Und Christus stellte die Frage nicht nur einmal. Er stellte sie noch einmal, und dann noch ein drittes Mal. Es ist, als ob er einen Nagel in die schon ermüdete Seele des Petrus treiben würde.

Wenn meine Frau Martie mir – mit einem sehnsüchtigen Blick – in die Augen schauen und fragen würde »Liebst du mich?«, wäre meine Antwort schnell und vorhersagbar: »Natürlich!«

Aber wenn sie sich mit solch einer Antwort nicht zufrieden geben würde? Stellen Sie sich vor, sie würde mit brüchiger Stimme noch einmal fragen: »Nein, ich muss es wirklich wissen, liebst du mich?« Und stellen Sie sich vor, sie würde ein drittes mal fragen, bevor ich auch nur kapiert hätte, was vor sich geht, und nochmal drängender sagen: »Joe, bitte, liebst du mich?«

Ich wüsste genau, dass hier etwas ganz Wichtiges passiert. Ich wüsste, dass hinter den Worten etwas ganz Großes brodelt. Etwas, das meine ganze Aufmerksamkeit benötigt.

Genauso muss sich Petrus gefühlt haben, als Jesus ihm im Morgennebel am Ufer die Frage stellte, nachdem Petrus eine erschöpfende – und vollkommen erfolglose – Nacht beim Fischen verbracht hatte.

Sie wissen sicherlich, dass Jesus niemals Fragen stellt, weil er die Antwort darauf nicht wüsste. Er stellt Fragen, um uns etwas klar zu machen – um unsere verborgenen, inneren Angelegenheiten hervorzuziehen und uns zur Veränderung zu bringen. Jesus prüfte das Herz des Petrus angesichts seiner letzten Entscheidung, der »Arbeit an Menschen« den Rücken zu kehren und seine frühere Karriere als Fischer wieder aufzunehmen. Das war die Karriere, von der Jesus ihn nur drei kurze Jahre zuvor abberufen hatte, um ihn für ein neues Unternehmen zu gewinnen: Sein Leben für die Menschen zu geben. Oder, wie Jesus es ausdrückte, Menschenfischer zu werden!

Petrus war abgesprungen, und Jesus nahm das persönlich, wie er es immer tut, wenn wir sagen: »Ich kündige!« Könnte es sein, dass Petrus seinen Herrn nicht länger liebte? Oder war er einfach von einem bedrückenden Gefühl der Entmutigung und des Versagens benebelt?

Die Berufung Christi, dass das Leben des Petrus sich auf die Hege und Pflege von Menschen konzentrieren sollte, ist kein isoliertes historisches Ereignis. Wenn Sie sich Nachfolger Jesu nennen, dann ist es auch die Berufung für Ihr Leben. Seine Einladung, ihm zu folgen, ist immer mit der täglichen Bereitschaft verbunden, das Leben von anderen Menschen um seinetwillen zu berühren – mutig und liebevoll in die Welt derer einzutreten, denen wir täglich begegnen. Sie können das eine nicht ohne das andere haben.

Als Jesus auf unseren Planeten kam, ging es in seinem Leben immer um Menschen. Wenn Sie also entschlossen sind, ihm zu folgen, dann seien Sie nicht erstaunt, dass das Abenteuer Sie bis an den Hals in die Bedürfnisse von Menschen führt. Und wenn Sie sich »rausziehen«, wie Petrus es getan hat, dann wird er wissen wollen, was mit Ihrer Liebe zu ihm passiert ist.

Er wird fragen: *»Liebst du mich?«*

Wenn ihre Antwort lautet: »*Ja, Herr, du weißt, dass ich dich lieb habe*«, dann rechnen Sie mit seiner Antwort: »*Weide meine Lämmer.*«

Und nebenbei, sein Interesse an unserer Liebe zu ihm und den Menschen, die er in unser Leben geführt hat, ist kein hochfliegender »frommer Gedanke«, der sich schön anhört. Seine Frage drängt uns, unser Leben und unsere Mittel auf die Leidenschaft zu lenken, die ihm am nächsten am Herzen liegt, auf das wertvollste Gut dieses Planeten: *Menschen!*

Welche Menschen? Menschen, die die heilende Berührung brauchen, die nur unsere Liebestaten schenken können. Menschen, die aufblühen, wenn wir ihnen unsere Zeit und unsere Aufmerksamkeit schenken. Menschen, deren ewiges Schicksal – genau in diesem Augenblick – auf der Kippe steht. Menschen, die es nötig haben, dass ihre vergangen Fehler vergessen sind, und denen eine Zukunft zurückgegeben wird, weil wir ihnen vergeben haben. Menschen, die ein gutes Wort des Trostes brauchen, die darauf warten, dass sich in ihrem Leben jemand wirklich um sie kümmert. Menschen, die Raum zum Atmen brauchen, kein Ersticken, die geliebt werden müssen, statt benutzt zu werden; gesegnet, statt manipuliert, die Gebet und Hilfe brauchen statt übler Nachrede. Menschen, die aus den Schlingen des Bösen befreit werden müssen. Menschen, die verzweifeln und schikaniert werden wie Schafe ohne Hirten.

Glauben Sie mir, wenn Sie sich mit Menschen beschäftigen, wird es keinen Mangel an Gelegenheiten geben, um Jesus zu zeigen, wie sehr Sie ihn lieben. Menschen sind überall. Wir sind ein bedürftiger Haufen.

Wenn es nur ein bisschen einfacher wäre ...

Jan hatte wochenlang an einem Platz gearbeitet, an dem ihr gegenüberliegenden Schreibtisch unbesetzt war. Sally, die jahrelang an diesem Schreibtisch gearbeitet hatte, war erst kürzlich in die Chefetage aufgestiegen.

Ehrlich gesagt, Jan war erleichtert.

Als sie diese Stelle angetreten hatte, freute Jan sich darauf, ein paar neue Freunde zu finden. Da Sally am Nachbartisch saß, kam sie offensichtlich in Frage. Sie war hübsch, lustig und mischte aggressiv in der Büropolitik mit. Es dauerte jedoch nicht lange, um herauszufinden, dass diese Frau entschlossen war, ihre Karriere zu fördern – um jeden Preis. Kurz gesagt, Menschen waren für sie nur wichtig, wenn sie ihr helfen konnten, ihr Ziel im oberen Management zu erreichen.

Jan hatte keine Vorstellung von dem Messer, in das sie hineinlaufen sollte, als sie das Wagnis einer – wie sie annahm – »christusähnlichen Beziehung« zu Sally aufnahm.

Als Sally zu viel Zeit in der Cafeteria verbrachte, um die Streber zu umschmeicheln, erledigte Jan bereitwillig ihre Arbeit. Sie vertrat sie, wenn der Chef anrief und sie nicht am Schreibtisch war. Jan tat alles, um Sally zu beweisen, dass sie eine verlässliche Freundin war. Nach der Arbeit gingen sie oft zusammen essen. Jan hörte zu und gab Rat, soweit es ihr möglich war, während Sally fast den ganzen Abend über sich selbst und ihre Männerprobleme redete.

Jan war erst kurz eine Nachfolgerin Jesu. Bald nachdem sie Christ geworden war, hatte sie gelernt, dass sie sich absichtlich aus ihrer eigenen Welt hinauswagen musste, um ihre Liebe und ihre Beziehung zum Herrn zu bestätigen und sich auf das Leben anderer einzulassen. Sally war ihrer Meinung nach die beste Gelegenheit, genau das zu tun. Ja, Jan betete oft, dass ihr Interesse an Sally und ihre Unterstützung Sally dazu führen würde, sich für eine Beziehung zu Christus zu interessieren.

Jan war in ihrem Beruf gut. In der Tat dauerte es nicht lange, bis die »Chefs« sie für eine Beförderung aussuchten. Der Gedanke daran war zu viel für Sally, und sie begann, Jan anders zu sehen – als Gefährdung ihrer Karriere-Träume. Nach zwei Jahren, in denen sie die Freundschaft aufgebaut hatte, hörte Jan zufällig eine Unterhaltung zwischen Sally und dem Chef mit an, die sie bis ins Mark traf. In traurigem, zurückhaltendem Ton erklärte Sally, wie viel von Jans Arbeit sie durchsehen und korrigieren müsse, bevor sie abgegeben werden konnte. Jan würde, so Sally, zu viel Zeit mit Freunden am Telefon verbringen, und wenn man sie darauf anspreche, hätte sie immer ein paar ausgewählte Kommentare dazu übrig, wie seltsam doch die Chefs die Geschäftsführung machen würden.

Nichts davon war wahr.

Aber Sally war schlau genug gewesen sich durchzumauscheln, und so hatte sie die Beförderung bekommen. Und Jan blieb mit einem geschädigten Ruf an ihrem Schreibtisch zurück.

Nach Jans Auffassung hatte diese Sache, Jesus zu lieben, indem man Leute zu erreichen sucht, nicht so funktioniert, wie sie es sich vorgestellt hatte. Wie sich herausstellte, waren Menschen nicht einfach nur bedürftig, sie waren gefährlich. Sie war benutzt, verletzt und dann weggeworfen worden. Tief enttäuscht – nicht nur von Menschen, sondern von Jesus, der sie gebeten hatte, sich aufopfernd für andere einzusetzen – war Jan nun entschlossen, ihr Leben in die eigene Hand zu nehmen. Sie würde denjenigen, der nun Sallys Schreibtisch einnehmen würde, so behandeln, dass es ihrer eigenen Sicherheit und ihrem Fortkommen im Betrieb dienen würde.

Jans Herz war nicht mehr bereit, um Jesu willen Menschen zu erreichen. Sie hatte ihre Lektion schließlich auf die harte Tour gelernt. Es war nun an der Zeit für sie, auf den Geschäftszug aufzuspringen und etwas aus ihrem Leben zu machen. Sie würde sehr zurückhaltend sein und alles im eigenen Interesse auf einer professionellen Ebene belassen. Das Leben war zu kurz, sagte sie sich, und sie konnte den Schmerz einer weiteren Beziehungskatastrophe in ihrem Leben überhaupt nicht gebrauchen.

Es war nicht so, dass sie Jesus ganz verleugnet hätte. Sie ging noch immer in ihren wöchentlichen Hauskreis, ging sonntags freudig in den Gottesdienst und machte eifrig Notizen, wenn der Pastor predigte. Es ging nur darum, dass Jan im Beruf etwas schlauer vorging. Jesus musste das einfach verstehen. Seine Art funktionierte im Büro einfach nicht. Sie mutmaßte sogar, dass die Welt vor zweitausend Jahren vielleicht netter gewesen war als die heutige Bürowelt, und dass Jesus, wenn er heute hier wäre, vielleicht einige seiner Gedanken über die Bedeutung und die Stellung der Menschen revidiert hätte.

Also war Jan bereit, als Sally am Nachbartisch durch Heather ersetzte wurde.

Heather war liebenswürdig, unkompliziert und auf freundliche Weise offen zu Jan. Es kam Jan in den Sinn, dass Sally am Anfang genauso gewesen war. Was Jan *nicht* wusste, war die Tatsache, dass sich Heather nahe an einem wichtigen Entscheidungspunktes in ihrem Leben befand. Sie war seit einiger Zeit tief beeindruckt von der bedingungslosen Liebe und dem echtem Interesse von Seiten einiger christlicher Freunde. Als Heather durch den Büroklatsch erfuhr, dass Jan Christ sei, freute sie sich insgeheim. Sie war bestrebt, eine weitere Beziehung zu knüpfen, in der sie den Segen einer selbstlosen Liebe erleben könnte, die sie von ihren anderen Freunden erfahren hatte. Ja, Heather hatte sogar schon öfter gedacht (auch wenn sie das bei ihren Freunden noch nicht hatte durchblicken lassen), dass ihr Jesus immer anziehender erschien. Sie wurde durch das Reden ihrer Freunde über seine aufopferungsvolle und vergebende Liebe angezogen. Sie hatte diese Liebe von ihren Freunden erfahren, und tief in ihrem Inneren wusste sie, wie sehr sie selbst Vergebung brauchte.

Freundlich und voller Erwartung versuchte Heather, Jan kennenzulernen. So fragte sie: »Könnten wir nicht zusammen die Pause verbringen? Wie sieht es zu Mittag aus?« Aber Jan stellte sicher, dass sie immer beschäftigt war. Die Unterhaltungen waren freundlich, aber Jans kurze Antworten garantierten, dass sie unverbindlich blieben.

Jan fühlte sich wohl bei der Distanz.

Jan hatte keine Ahnung.

Zahllose Nachfolger Jesu haben wie Jan »die Nase voll« von Menschen.

- *Frauen, die von ihren treulosen Ehemännern sitzen gelassen wurden;*
- *Männer, die verbittert sind über Frauen, die mit ihnen spielen;*
- *Kinder, die von ihren Eltern tief enttäuscht sind;*
- *Eltern, die unter der Ablehnung durch ihre eigenen Kinder leiden;*
- *Kunden, die von Mitchristen in der Geschäftswelt betrogen wurden;*
- *Mädchen, die von einem Vater sexuell missbraucht wurden, der auch noch Ältester in einer Gemeinde war;*
- *Menschen, die müde sind von Beziehungen, die in Sackgassen enden und nicht auf Gegenseitigkeit beruhen;*
- *verwundete Menschen, die von einem Freund verraten wurden;*
- *Menschen, die es einfacher finden zurechtzukommen, wenn sie ihr Leben auf eigene Faust führen;*
- *Menschen, die herausgefunden haben, dass die meisten Leute zwar nett, aber nicht notwendig sind.*

Die Liste ließe sich beliebig verlängern. Jeder von uns hat irgendwann Enttäuschungen durch seine Mitmenschen erlebt. Die meisten von uns sind der Meinung, dass sie zu der Aussage des Philosophen »Amen« sagen könnten, der schrieb: »Je mehr ich die Menschen kennenlerne, desto lieber habe ich meinen Hund!«

Also ... weil wir vergessen, dass unsere Aufgabe im Leben darin besteht, Jesus unsere Liebe zu erweisen, indem wir uns mit anderen Menschen beschäftigen, um sie zu fördern (selbst, wenn es uns etwas kostet), tendieren wir dazu, genau das zu tun, was Petrus getan hat: bei Jesus aussteigen und uns in den sauberen Komfort eines Lebens nach unseren eigenen Vorstellungen zurückziehen.

11. Kapitel

Bereit zu kündigen

Mit dem Drang leben, die Menschen aufzugeben.

Ich muss Ihnen etwas gestehen. Ich bin nicht die Art von Mensch, die dazu tendiert, Menschen problematisch zu finden. Ich bin ein unverbesserlicher, süchtiger Gemeinschaftsmensch!

Ich weiß. Dieses Geständnis stößt diejenigen unter Ihnen ab, die meinen Persönlichkeitstyp mit einem gewissen Maß an Geringschätzung betrachten. Das kann ich verstehen. Aber aus Gründen, die Gott selbst am besten kennt, hat er Leute wie mich über die Welt verstreut – Leute, die sich von der Begegnung mit anderen Menschen ernähren.

Aber wenn man sich einmal die Wahrheit anschaut, dann finden wir Gemeinschaftsmenschen die anderen so lange zufriedenstellend, wie diese »anderen« unseren Hunger nach Aufmerksamkeit und Bestätigung erfüllen. Wir tendieren nicht dazu gut zuzuhören, es sei denn, die Unterhaltung dreht sich um uns. Wir versprechen zu viel und halten zu wenig. Jedes Opfer von unserer Seite an Zeit und Mitteln, das nicht belohnt wird, werden wir kaum noch einmal bringen. Und obwohl wir die Letzten wären, die es zugeben, können wir sogar die legitimen Bedürfnisse anderer vernachlässigen – einschließlich unserer eigenen Familie, wenn unser Bedürfnis nach Menschen von anderen befriedigt wird. Und wenn die gegenwärtige Gesellschaft von Leuten, in der wir uns befinden, mehr Schwierigkeiten bringt, als sie es uns wert ist, dann sind wir bekannt dafür, uns interessanteren Leuten zuzuwenden.

Was wirklich unter den äußeren Schichten eines Gemeinschaftsmenschen liegt (wenn wir nicht vorsichtig sind), ist die voll entwickelte Möglichkeit, andere zu unserer eigenen emotionalen Befriedigung zu benutzen, statt andere wirklich zu lieben, um unsere Liebe zu Christus zu beweisen.

Letztlich unterliegen Gemeinschaftsmenschen genauso dem Drang, bedeutungsvolle und aufopfernde Beziehungen mit Mitgliedern der menschlichen Familie zu meiden wie der beste Einsiedler.

Keiner von uns ist ausgenommen. Wir kämpfen alle gemeinsam daran, bei unserer »Berufung« als Nachfolger Jesu zu bleiben.

Mich hat immer diese dreifache Befragung fasziniert, der Jesus Petrus in Johannes 21 unterzogen hat. Eigentlich wäre »überführt« eine bessere Beschreibung dessen, was ich dabei empfinde.

Stellen Sie sich eine persönliche Begegnung mit Jesus vor, dem allmächtigen Schöpfer, der Ihnen immer wieder mit dem durchdringenden Blick, der in die tiefsten Tiefen Ihrer Seele dringt, eine einzige Frage stellt.

Die Frage?

»Liebst du mich?«

Worum ging es Jesus?

Es ging ihm um die Liebe von Petrus.

Was war das Problem von Petrus?

Petrus hatte genug vom Leben nach Jesu Bedingungen.

Und ist das nicht genau unser Dilemma, wenn sich Menschen als weniger lohnend herausstellen, als wir sie uns wünschen? Petrus war ganz einfach in seiner Nachfolge Jesu *entmutigt*.

Eigentlich hatte Petrus fast jeden satt. Einschließlich des Herrn! Vor seinem Tod und seiner Auferstehung war Jesus 24 Stunden am Tag, 7 Tage die Woche und 365 Tage im Jahr mit Petrus und den Jüngern zusammen gewesen. Alle Hoffnungen hatte Petrus auf den Prediger aus Galiläa gesetzt. Er hatte eine gute Karriere als Fischer aufgegeben, um Jesus in die Welt der Menschen zu folgen. Er konnte sich noch ganz deutlich an den Tag erinnern, als Jesus ihn berufen hatte: »*Und er spricht zu ihnen: Kommt, mir nach! Und ich werde euch zu Menschenfischern machen.*«

Drei Jahre lang hatte Petrus sich in der leidenschaftlichen Liebe gesonnt, die Jesus über alle möglichen Sorten von Menschen ergoss. Von Prostituierten bis zu Herrschern, von Ausgestoßenen bis hin zu den Angesehenen, von Leprakranken bis hin zu Ärzten, Kindern und Frauen. Seine ganze Welt drehte sich um Menschen, ihre Bedürfnisse und darum, wie sie in sein Reich kommen könnten.

Dann zerbrach der Traum.

Jesus hatte sie alle in Bedrängnis gebracht, indem er die Behörden so gegen sich aufgebracht hatte, dass die Menge Hand an ihn legte.

Nach der Auferstehung dachte Petrus, dass es so weitergehen würde wie bisher. Aber das stimmte nicht. Ehe Jesus Petrus an diesem Morgen die Frage stellte, war er ihnen erst zweimal erschienen. Nichts entwickelte sich so, wie Petrus es sich vorgestellt hatte. (Haben Sie sich schon einmal in ihrem Wandel mit Jesus so gefühlt?)

Und dann diese Sache, sich mit Menschen abzugeben – das schien auch den Bach runterzugehen. Wer sollte noch irgendetwas mit den Jüngern Jesu zu tun haben wollen, jetzt, da der als entehrter Krimineller gestorben war, statt als siegreicher König die Welt zu erobern?

Für die meisten Leute war die Auferstehung nicht mehr als ein Gerücht. Der »Star« war aus dem Verkehr gezogen, und die Menge hatte sich längst zerstreut. Um alles noch schlimmer zu machen, waren die Behörden noch immer »sauer«, dass Jesus beinahe einen Aufstand verursacht hatte. Und den Jüngern wurde vorgeworfen, seinen Leib gestohlen zu haben.

Die Risiken, sich mit Menschen abzugeben, waren einfach zu hoch; und die Liste der Kündigungsgründe war lang.

Darüber hinaus hatte Petrus zu der Zeit, als Jesus dort morgens am Strand auftauchte, keine allzu hohe Meinung von sich selbst. Wie konnte er seinen totalen Zusammenbruch vergessen, als er im Hof des Kaiphas wegen seiner Beziehung zu Jesus in Bedrängnis gebracht wurde?

Je mehr er darüber nachdachte, desto mehr erkannte er, dass er einfach nicht für die Berufung Christi in seinem Leben gemacht war. Menschen und ihre Bedürfnisse mussten einfach die zweite Geige spielen! Petrus ging fischen – und nahm Thomas, Jakobus, Johannes, Nathanael und noch zwei andere Jünger als Partner in sein kleines Geschäft mit auf. Das Leben ging ganz normal seinen Gang. Er besann sich zurück auf etwas, das er unter Kontrolle hatte. Zurück zu den oft geübten Aufgaben, Fische zu fangen, zu zählen und zu verkaufen. Zurück zu der bequemen Gewohnheit, Boote zu reparieren und Netze zu flicken.

Einfach ausgedrückt sagte Petrus: »Ich kündige!«

Sie kennen das Gefühl. Wie oft wollten Sie schon kündigen? Dem Elternsein. Den Schwierigkeiten einer problematischen Ehe. Sie wollten aufhören zu versuchen, mit diesem übellaunigen Mitarbeiter zu reden. Sie wollten aufhören, zu Menschen nett zu sein, die alles andere als nett zu Ihnen sind. Sie wollten die Leitung Ihres Hauskreises aufkündigen. Sie wollten die Herausforderung hinter sich lassen, Jesus in das Leben von bedürftigen, unbeständigen, undankbaren, anspruchsvollen, kritischen, Sie auffressenden Menschen zu folgen. Sie wollten nicht mehr vergeben. Und aufhören, immer das Beste von den Menschen anzunehmen, solange Sie nichts Genaues wissen.

Noch raffinierter: Wir tun zwar weiterhin äußerlich bestimmte Dinge, haben aber innerlich schon längst gekündigt. Wir erfüllen treu unsere ehelichen Pflichten, erziehen unsere Kinder, helfen anderen und erledigen unsere Aufgaben mit einem Gefühl von mürrischer Pflichterfüllung. Wir verschwenden unsere mentale Energie, indem wir von einem besseren Leben träumen. Wir sind versucht, an der Grenze einer Affäre herumzuflirten, uns selbst in einem Roman zu verlieren oder in die Fantasiewelt des Internets zu flüchten. Was wir wirklich wollen, ist ein Leben nach unseren eigenen Vorstellungen. Ein Leben, in dem wir alles unter Kontrolle haben, und es schaffen, Ergebnisse zu unserer eigenen Zufriedenheit zu erzielen. Ein Leben, in dem sich andere um uns kümmern, anstatt dass wir uns um sie kümmern müssten.

Wenn Sie jetzt solche Gedanken hegen oder sie je gehabt haben – fassen Sie Mut! Sie sind nicht allein.

Das ist genau die Stelle, an der Petrus und seine Freunde standen, als sie in jener Nacht in sein altes Fischerboot stiegen. Verglichen mit den jüngsten Enttäuschungen in der Nachfolge Christi war der Gedanke ans Fischen überzeugend. Man kann Petrus fast denken hören: *Das ist wenigstens etwas, das ich gut kann.*

Denken Sie noch einmal nach. Petrus sollte bald herausfinden, dass ein Leben nach eigenen Vorstellungen unendlich hohl und vergeblich ist.

In dieser ersten Nacht beim Fischzug fingen sie nichts. Es ist nichts Schlimmes, wenn Ihnen das im Angelurlaub passiert, aber wenn Ihnen so etwas an Ihrem ersten Arbeitstag im neuen Geschäft passiert, dann ist das ein schwerer Schlag. Petrus war sicherlich schon vorher enttäuscht, aber er muss zu dem Zeitpunkt, als die Sonne ihre ersten Strahlen über den Horizont schickte, am Boden zerstört gewesen sein.

Denken Sie daran: Es ist kein Zufall, dass Jesus am Strand auftaucht, als Petrus enttäuscht ist und ihm sein Leben leer vorkommt. Der Herr, der ihn berufen hatte, berief ihn noch einmal und drängte darauf, dass er an die Aufgabe zurückging, bei der er aufgegeben hatte. Zurück zu dem manchmal schmutzigen und immer herausfordernden Geschäft, Menschen zu hüten. Aber noch wichtiger: zurück zu einer Beziehung der Liebe zu ihm.

Während ich diese Worte in meinen Laptop tippe, angeschnallt auf meinem Sitz in elftausend Metern über dem Atlantik, merke ich, wie mein Herz für Sie betet. Ich bete, dass Sie, wenn Sie diese Worte lesen, innehalten und merken, dass genau jetzt Jesus am Strand Ihres Herzens auftaucht. Er ruft Sie, ihm wieder nachzufolgen. Er beruft Sie inmitten all Ihrer Gründe aufzugeben, in aller Enttäuschung und allem Versagen. Er ruft Sie zu sich selbst zurück. Zurück zu der Leidenschaft, die sein Herz bis heute antreibt: die Hege und Pflege von Menschen.

Sie sollten betroffen darüber sein, dass Jesus an jenem Morgen nicht als göttlicher Vorgesetzter erschien, der Petrus streng informierte, dass er sich unerlaubt von der Truppe entfernt habe, und dass er schnellstens an die Arbeit im Reich zurückkehren solle. In Jesu Augen ging es nicht in der Hauptsache um das Reich, sondern um die Liebe des Petrus.

Immer wenn wir bereit sind aufzugeben, müssen wir uns daran erinnern, dass es im Geschäft mit den Menschen nicht um eine Pflicht geht, sondern um unsere Liebe zu ihm. Deshalb nimmt Jesus es persönlich, wenn wir uns in unsere eigene, egozentrische Welt zurückziehen.

Nebenbei gesagt, wenn Sie denken, dass es bei dieser Begebenheit nur um einen wichtigen Mann der Kirchengeschichte und seinen Kampf vor zweitausend Jahren geht, dann sollten Sie Ihre Ansicht überdenken! Seine Bedeutung ist nicht zu unterschätzen. Wenn Petrus diese Sache nicht hätte klären können, würden Sie und ich dieses Buch vielleicht gar nicht in den Händen halten, und wir müssten in die Hölle und hätten keinen Himmel garantiert. Dass Petrus sich von seiner Aufgabe ablenken ließ und sich wieder seiner alten Beschäftigung zuwandte, bedrohte die geplante Ausbreitung des Evangeliums in der ganzen bekannten Welt.

Man kann mit Sicherheit sagen, dass das Wohlergehen von anderen – und vielleicht sogar deren ewiges Schicksal – davon abhängt, wie Sie persönlich auf die letzte Frage Christi an Petrus reagieren.

12. Kapitel

Augenblick der Entscheidung

... rette die Verlorenen!

Gary lag mit dem Gesicht zur Erde auf dem Boden und bat die bewaffnete Wache, ihn in das Zimmer zu lassen. Er konnte hinter dem Eingang, hinter den Stiefeln der Wache nur die bewegungslosen Füße seiner Frau sehen. Und das Blut.

In diesem Augenblick, als sein Gesicht im Dreck lag und er durch den vernichtenden Schlag dieses schrecklichen Ereignisses zitterte, wusste er, dass er eine Entscheidung treffen musste. Würde er, könnte er dem Terroristen vergeben, der Bonnie dreimal ins Gesicht geschossen hatte? Oder würde er für ihr Blut Rache schwören – auch wenn ihn das den Rest seines Lebens kosten würde?

Gary und Bonnie hatten sich als Studenten am *Moody Bible Institute* kennengelernt. Nach ihrem Abschluss und ihrer Hochzeit beschlossen sie, ihr Leben damit zu verbringen, die gute Nachricht von Jesus zu den Menschen an eine der gefährlicheren Stellen der Welt zu bringen, nämlich nach Sidon im Libanon.

Obwohl sie wussten, dass dies kein sicherer Ort war, hatte Gary doch *dies* nie erwartet – noch konnte er damit rechnen.

Bonnie war früh am Morgen des 21. Novembers 2002 in die offene Klinik gegangen, wo sie Kinder von Flüchtlingen betreute und ihnen diente. Auf ein Klopfen an der Tür öffnete sie und sah sich einer Pistole gegenüber, die auf kurze Distanz die Schüsse mitten in ihr Gesicht abgab. Sie starb sofort. Sie fiel zu Boden, eine junge, moderne Märtyrerin.

Augenblicke später klingelte das Telefon in Garys Schlafzimmer und weckte ihn nach einer Nacht, in der er bis spät seinen Dienst getan hatte. Die panische Stimme am anderen Ende war fast unverständlich. Das Einzige, was er verstehen konnte, war, dass etwas Schreckliches passiert war und er so schnell wie möglich in die Klinik kommen musste. Er suchte verzweifelt nach etwas Kleingeld für ein Taxi, verließ seine Wohnung und kam in die Klinik, wo seine schlimmsten Befürchtungen bestätigt wurden. Er lief zum Eingang, nur um von der Polizei am Betreten gehindert zu werden – er fiel weinend zu Boden und bettelte, dass er sie sehen dürfe.

Genau da geschah etwas Außergewöhnliches. Obwohl tausend Gedanken in seinem Kopf herumwirbelten, durchlebte Gary einen Augenblick geistlicher Klarheit. Es war, als ob die schwarzen, brodelnden Wolken sich plötzlich teilten – nur für einen Augenblick – und einem Sonnenstrahl erlaubten, sein Leid und seinen betäubenden Schmerz zu durchdringen. Mit dem Gesicht im Schmutz sagte er dem Herrn, dass er seiner Berufung weiter folgen würde, der sich Bonnie und er verpflichtet wussten. Er wollte dort bleiben, und er entschied sich, den Menschen zu vergeben, die diese unaussprechliche Tat geplant und ausgeführt hatten.

In diesem Augenblick stand viel auf dem Spiel. Auf Erden und im Himmel. Würde Gary bei seinem Auftrag bleiben? Gott hatte ihn deutlich in die Not des libanesischen Volkes berufen, und er war dem Ruf gefolgt ... nun zu einem hohen Preis.

Die Gefühle, die an diesem schrecklichen Morgen durch Garys Kopf schossen – die Verführung durch Rache, Hass und Verzweiflung –, bedrohten die Berufung Gottes für das Leben dieses jungen Mannes. Sie drohten die ständige Kraft des Evangeliums zu behindern, die durch Gary wirksam werden sollte. Und das ist nichts Nebensächliches.

Ob Gary sich darüber im Klaren war oder nicht, seine Frau

war das Opfer der ständigen, unsichtbaren Kämpfe zwischen den Mächten der Hölle und dem Königreich des Friedens. Der ungeheuerliche Mord an seiner kostbaren Frau durch die Hände von Terroristen war einfach eine der Strategien der Hölle, um das Werk Gottes in dieser problematischen Ecke der Welt zu behindern und zunichte zu machen.

Aber es war nicht die einzige Strategie.

Wahrlich, der Krieg war nicht mit Bonnies Ableben zu Ende. Phase zwei in dem Kampf bestand darin, Gary mit den selbstzerstörerischen Haltungen des Selbstmitleids, der Rache und des Hasses zu entmutigen und abzulenken. Was für eine großartige Gelegenheit, Gary in das Spinnennetz des »Gott anklagen«-Spiels zu verwickeln. Garys Versagen in diesem Augenblick wäre zwar verständlich gewesen, aber es hätte zu einem kompletten Sieg für Satan und seine Legionen werden können. Die Unterwelt, die sich ganz klar darüber war, dass sich ihre besten Pläne gegen sie selbst wenden, wenn sie auf unerschrockene Nachfolger Jesu treffen, wollte Garys Herz genauso wie Bonnies Leben.

Aber die Unterwelt verlor.

Gary hielt die Stellung.

Die Unterwelt durfte sein Herz nicht bekommen. Er ließ es einfach nicht zu. So tat er für die Mörder, was Jesus für ihn getan hatte. Er vergab ihnen. Was sie am meisten brauchten, war nicht Garys Zorn, sondern seine Vergebung – und noch wichtiger: die ewige Reinigung durch den Großen, der die Vergebung selbst ist. Gary gelobte, sich selbst Gott neu hinzugeben – mit all der Kraft, die ihm im Leben noch übrig geblieben war. Er verpflichtete sich, die Heilung und Erlösung Christi den Menschen in Not zu bringen. Ganz gleich, was kommen möge. Wo auch immer er gebraucht wurde.

Bis heute ist Garys Entschlossenheit so frisch, wie sie in diesem entscheidenden Augenblick war, als seine Welt zusammenbrach. Als Folge davon ist der Tod Bonnies für Tausende junger Studenten zum Anlass geworden zu verstehen, wie ernsthaft ihre Berufung ist, wenn Sie als erlösende Heiler in die Welt gehen. Diese Studenten lernen, wie Bonnie so gut erkannt hatte, dass über allem, ganz gleich, wo sie sich auch befinden mögen, nur die Menschen zählen.

Was für Menschen? Menschen, die zu Jesus hingeführt werden müssen wie eine Herde Schafe. Menschen, die Rettung, Leitung und Hoffnung im Kreuzfeuer einer Schlacht zwischen Himmel und Hölle brauchen. Menschen, die Satan gerne zerstören würde in seinem verzweifelten Versuch, Gott zu entehren und seine ewigen Pläne zu vereiteln.

Es gibt eine zentrale Realität, die den meisten von uns entgeht, die ein relativ bequemes und begütertes Leben führen. Und zwar folgende ... *wir leben im Krieg!* Nicht im Irak oder irgendeinem entfernten Terroristen- Camp. Sondern in einem Krieg hier in unserem eigenen Herzen. Ein Krieg gegen uns – und nebenbei gesagt gegen jeden um uns herum –, der von unsichtbaren Kräfte geführt wird, die wild entschlossen sind zu siegen. Keiner ist ausgenommen. Die Schlacht tobt!

In seinem Buch *Waking the Dead* (dt. Titel *Der ungezähmte Christ*) schreibt John Eldredge:

»Jemand oder etwas steht uns entgegen. ... Wie ich an dieser Realität so lange vorbeisehen konnte, ist mir ein Rätsel. Vielleicht habe ich es wirklich übersehen; vielleicht wollte ich es auch nicht wahrhaben. *Wir sind im Kriegszustand.* ... Wir leben nicht im Paradies. ... Die Welt, in der wir leben, ist ein Kriegsschauplatz. Hier prallen zwei Reiche aufeinander in einem erbitterten Kampf auf Leben und Tod. ... Sie sind in eine umkämpfte Welt hineingeboren worden, und bis ans Ende Ihrer Tage wird um Sie herum eine große Schlacht wogen. Alle Mächte des Himmels und der Hölle sind an dieser Schlacht beteiligt – und sie wird hier auf diesem Planeten ausgetragen.«

Natürlich wollte der Apostel Paulus, dass wir dies wissen, als er uns aufrief:

»Werdet stark im Herrn und in der Macht seiner Stärke! Zieht die ganze Waffenrüstung Gottes an, damit ihr gegen die Listen des Teufels bestehen könnt! Denn unser Kampf ist nicht gegen Fleisch und Blut, sondern gegen die Gewalten, gegen die Mächte, gegen die Weltbeherrscher dieser Finsternis, gegen die geistigen Mächte der Bosheit in der Himmelswelt. Deshalb ergreift die ganze Waffenrüstung Gottes, damit ihr an dem bösen Tag widerstehen und, wenn ihr alles ausgerichtet habt, stehen bleiben könnt!« (Eph 6,10-13).

Wenn wir die Realität dieses Krieges erkennen – wie verängstigte Menschen, die gerade eben eine Sirene Luftalarm haben geben hören –, sind wir am anfälligsten dafür, in unseren geistlichen Bunker zu verschwinden. Wir versuchen, ein Buch zu finden, einen Plan oder eine Strategie, die uns hilft, persönlich zu überleben, und wir konzentrieren alle unsere Anstrengungen darauf, das Verheißene Land unverwundet zu erreichen. So wichtig das sein mag, es fehlt diesem Plan das Verständnis für das Ausmaß unserer Berufung inmitten dieses kosmischen Kampfes.

Was ist mit den anderen um uns herum?

Geht es hier wirklich nur darum, dass jeder für sich selbst kämpft?

Überall um uns herum gibt es Verluste. Von unseren Ehepartnern bis zu unseren Freunden, unseren Kindern, unseren geistlichen Leitern, den Kollegen und denen, zu denen wir nur eine oberflächliche Beziehung haben. Die Sache ist – kümmert uns das? Wird irgendjemand von uns den Versuch machen, hier zu helfen, zu unterstützen, abzuschirmen und zu retten?

Paulus hat seine Ausführungen über den Krieg und seine Rüstung sogar damit beendet, die Epheser zu bitten, *»wachsam zu bleiben und beständig und für alle, die zu Christus gehören, zu beten«* und *»betet auch für mich«* (6,18-19; Neues Leben). Den Galatern schreibt er: *»Brüder, wenn auch ein Mensch von einem Fehltritt übereilt wird, so bringt ihr, die Geistlichen, einen solchen im Geist der Sanftmut wieder zurecht. Einer trage des anderen Lasten«* (Gal 6,1-2).

In dieser Schlacht geht es nicht um mich, es geht nicht um Sie, es geht um uns!

In der Geschichte der irdischen Kriege sind den Menschen Ehrenmedaillen verliehen worden, die sich dadurch ausgezeichnet haben, dass sie ihr eigenes Leben riskiert haben, um einen verwundeten Kameraden aus starkem Beschuss zu retten. Diese Medaillen haben verschiedene Formen und Größen, aber unsere hat die Form eines blutbefleckten Kreuzes. Denn es war unser Anführer Jesus, der uns den Weg in die Sicherheit frei gemacht hat, indem er sich selbst dem Unheil in den Weg stellte, um unwürdige Sünder wie Sie und mich aus dem Todesgriff Beelzebubs, des Fürsten der Finsternis, zu retten.

Und es geht nicht immer darum, dass wir etwas Großes in einer schlimmen menschlichen Krise wagen müssten, bei der viel auf dem Spiel steht. Manchmal – eigentlich öfter – geht es nur darum, einem Mitsoldaten in Not ein Stück Brot zu reichen, wenn Sie gemeinsam in den Gräben des Alltags sitzen. Ein ermutigendes Wort. Eine Notiz in einem Brief. Ein gutes Gespräch. Vergebung schenken. Geduld und Langmut mit ihren Fehlern und Kämpfen zu haben. Ihnen versichern, dass man regelmäßig für sie betet. Auf die Kinder von jemandem aufpassen.

In meinem Leben im Dienst haben viele zu mir gesagt: »Ich bete regelmäßig für Sie.« Einige sagen mir, weil sie erkennen, dass geistliche Leiter oft besondere Ziele im Kampf sind, dass sie wirklich jeden Tag für mich beten. Manchmal falle ich abends ins Bett und frage mich, wie ich ungeschoren durch den Tag mit all seinen Herausforderungen gekommen bin. Manchmal denke ich über eine Versuchung in Wort, Gedanken oder Tat nach, der ich mich geweigert habe nachzugeben. Wenn ich mich frage, wie ich es durch diese Versuchung geschafft habe, dann erinnere ich mich an meine Mitsoldaten, die im Dienst standen und zu einer bestimmten Tageszeit für meine Sicherheit und mein Überleben gebetet haben.

Der Dienst ist schnelllebig, geschäftig und hat viele Aufgaben. Und genauso steht es mit Ihrem Leben, da bin ich mir sicher. Aber die Anforderungen des Dienstes Gottes und seiner Leute können uns von unseren Prioritäten ablenken und einige der wertvollsten und wichtigsten Beziehungen in unserem Leben bedrohen. Damals, als wir in unserem Pastorat die meiste Arbeit hatten, erinnere ich mich daran, dass Leute aus unserer Gemeinde auf unsere Kinder aufpassten – damit Martie und ich ein paar Tage wegfahren und unsere Liebe zueinander erneuern und vertiefen konnten. Diese bereitwilligen Experten der Kindererziehung investierten sich in die Aufgabe, unsere Ehe vor dem Scheitern zu bewahren.

In dieser Zeit, in der all unser Geld faktisch schon ausgegeben war, ehe wir es bekamen, bedeutete für uns »zum Essen ausgehen« ein Besuch in irgendeinem Fast-Food-Restaurant. Außer, wenn Bill und Dorothy Eidson uns anriefen und uns zu einem edlen Steak-Dinner einluden! Ihre Ermutigung half uns, auf den Dienst an weiteren Tagen vorbereitet zu sein.

Wir sollten uns klar machen – wenn unser Leben vorbei ist, dann wird nicht die Tatsache, wie erfolgreich Sie gewesen sind oder wie zufrieden mit sich selbst, Ihnen die befriedigendsten Erinnerungen und Erfahrungen schenken. Was Sie für andere getan haben, wird Ihr Herz mit dem Gefühl erfüllen, wertvoll zu sein.

Und am Ende des Tages (oder am Ende des Lebens) werden Menschen die Ursache Ihres größten Lohnes sein ... oder Ihres tiefsten Bedauerns. Und was Sie mit diesem Buch tun – oder noch wichtiger, mit dem Ruf Jesu für Ihr Leben –, wird bestimmen, wie groß der Lohn sein wird – oder wie tief dieses Bedauern.

In diesem Buch geht es darum, sich um Menschen zu kümmern und dabei zu bleiben.

Um Jesu willen.

Nur wenige von uns werden je auch nur annähernd so tiefe Fragen zu beantworten haben, wie Gary sie in jenem schrecklichen

Augenblick des entscheidenden Sieges beantworten musste. Aber wenn Sie dieses Buch als Nachfolger Jesu lesen, dann flimmert die Dynamik dieses Augenblicks jeden Tag über den Bildschirm Ihres Lebens. Der Ruf Christi in unserem Leben bedeutet, dass wir um seinetwillen in das Leben von Menschen eingreifen. Von Menschen, die im Konflikt verwundet werden könnten, oder in dem Krieg umkommen. Jeden Tag unseres Lebens wird uns die Gelegenheit gegeben, eine Rolle in diesem Kampf zu spielen.

Wir haben immer die Entscheidung, etwas zu ändern; und sie wartet nur darauf, ergriffen zu werden. Die Entscheidung, freundlich und geduldig auf mürrische, kritische, störende oder bedrohliche Menschen in unserem Leben zu reagieren. Die Entscheidung, sich zu weigern, andere als Bauern im Spiel um die Erfüllung unserer Träume und Begierden zu sehen, oder als Objekte unseres persönlichen Vergnügens. Die Entscheidung, grausame oder auch unbeabsichtigte Vergehen zu vergeben. Die Entscheidung, die Kunst der Feindesliebe zu meistern und denen, die es nicht verdient haben, Gnade zu gewähren. Die Entscheidung, viel Mitleid zu haben und sich nicht beirren zu lassen. Viel Barmherzigkeit und wenig Zorn. Viel Großzügigkeit und wenig Gier.

Wir dürfen die Tatsache nicht übersehen, dass Jesus, als er Petrus, Andreas und die anderen Fischer Jakobus und Johannes berief, deutlich machte, dass er die Absicht hatte, ihren Beruf im Leben zu ändern. Von dem Tag an sollte ihre Priorität von dem Geschäft, Fische zu fangen, weg auf den Dienst an Menschen gerichtet sein – auf ihre Bedürfnisse und ihr ewiges Schicksal.

Jesus kannte die ehrfurchterregenden Dimensionen und Auswirkungen dieser neuen Blickrichtung. Er wusste, wie verzweifelt die Leute das brauchen, was er zu bieten hat: Rettung, Heilung, Erlösung, Versöhnung, Frieden und Leben. Er wusste auch – auf eine Art, auf die es die Jünger nie konnten –, dass ohne Eingreifen diese Leute ihr Leben als hilflose Marionetten des Zerstörers führen müssen.

13. Kapitel

Den Ruf (erneut) annehmen

... drei Schritte vom Fischen zu Jesus

Wir sollten Petrus gegenüber fair sein.

Als er sich von seiner Berufung ablenken ließ, ging es sicherlich um mehr als nur darum, dass er durch Menschen zutiefst entmutigt war und sich als Versager fühlte. Seine Entscheidung »zurück zum Fischen« betraf auch einige sehr grundlegende Bedürfnisse in seinem Leben.

Unausweichlich werden Sie beim »Unternehmen Mensch« ihr Herz schreien hören: »He, und was ist mit mir?« An diesem Punkt werden Sie sich selbst dabei erwischen, wenn Sie nicht vorsichtig sind, dass Sie Ihre eigenen Bedürfnisse auf Kosten anderer erfüllen. Sie werden das Versprechen Jesu vergessen, für Ihre Bedürfnisse zu sorgen, während Sie ihm dienen.

Petrus kehrte aus all den Gründen, von denen wir schon erfahren haben, zu seiner Karriere als Fischer zurück. Aber dazu gehörte auch die Realität, dass er und die Jünger pleite waren!

Judas war mit der Kasse durchgebrannt. Was sollten die Jünger also tun? Wo sollten sie das Geld hernehmen, um den Dienst weiterzuführen? Und Jesus? Nun, den hatte man in letzter Zeit nicht allzu oft zu sehen bekommen. Es wurde immer deutlicher, dass es in Zukunft keine Speisung der Fünftausend geben würde – ganz zu schweigen von den übrigen Elf.

In diesen seltsamen, angespannten Tagen schien nichts sicher oder klar zu sein. Ja, aber Fische, die waren immer noch im See und warteten darauf, gefangen und zu Geld gemacht zu werden. Wie immer.

Für Petrus waren die Fische jetzt eine Notwendigkeit. Für die nächste Mahlzeit zu sorgen und genug Geld zu haben, um das Lebensnotwendige zu kaufen, wurde nun für die Jünger vorrangig.

Passen Sie auf, was Sie zum Leben »brauchen«. In unserem Streben nach einem guten Leben wird die Liste dessen, was wir bauchen, schnell verzerrt. Was wir meinen nötig zu haben, mag sehr viel weniger wichtig sein als die Bedürfnisse derer um uns herum. Ja, was uns notwendig erscheint, könnte sich in Wahrheit als Luxus erweisen, wenn wir es mit der strategischen Möglichkeit vergleichen, anderen zum Segen zu werden. Zu meinem Bedauern musste ich einige der Wahrheiten auf die harte Tour lernen.

Jeder Vater in Amerika wünscht sich einen Basketball-Korb auf seinem Grundstück. Er scheint nötig zu sein, um zu beweisen, wie gut du als Vater bist und dass du nur das Beste für deine Kinder willst. Ich bin da keine Ausnahme, und deshalb zogen mein Sohn und ich eines Samstags gemeinsam los, um den richtigen Bausatz zu kaufen. Wir hielten im nächsten Baumarkt, wo wir eine Tüte Zement in den Wagen luden. Eine halbe Stunde später grub ich ein Loch für den Pfosten in den Boden und goss Zement um das Gestell, das bald stolz an seinem Platz stehen sollte: ein glänzendes Denkmal für die Gemeinschaft zwischen Vater und Sohn.

Aber, so stellte es sich nicht heraus. Wie jemand mal treffend gesagt hat: »Der Weg zur Hölle ist mit guten Vorsätzen gepflastert.« So lobenswert meine Absichten gewesen sein mögen, ich fand es schwierig, Zeit zu finden, um mit meinem Sohn nach der Schule ein paar Körbe zu werfen.

Erstens war da der Rasen.

Ich war immer davon besessen, einen wohlgepflegten, unkrautfreien endlos grünen Rasen zu haben. Ich verliere mich in glücklichem Strahlen, wenn ich schneide, stutze, dünge und dann zurücktrete, um mein Kunstwerk zu betrachten. (Ich weiß, ich muss krank sein.) Durch mein Bedürfnis, meinen Rasen bis zur Vollkommenheit zu trimmen, investierte ich die wenigen Abende zu Hause in die Graswelt und ließ die häufigen Bitten meines Sohnes um ein Spiel unbeachtet.

Zusätzlich zu meiner Besessenheit in Bezug auf Landschaftsgärtnerei hatte ich zu der Zeit auch noch eine Gemeinde, deren Pastor ich war. Und das bedeutete, dass Krisen und Notfälle ungeplant auftraten, die die wenige Zeit auffraßen, die mir mein Zeitplan zur freien Verfügung übrig ließ. Ich werde nie den Tag vergessen, als ich ins Krankenhaus gerufen wurde, um mit einer Familie dort zu warten. Ihr Sohn, der etwa im Alter meines Sohnes war, schwebte dort zwischen Leben und Tod. Wir warteten, beteten, und hofften das Beste. Aber es sollte nicht sein. Der Sohn starb an diesem Nachmittag.

Als ich vom Krankenhaus nach Hause fuhr, wurden meine Werte von Schuldgefühlen erschüttert. *Was, wenn das mein Junge gewesen wäre? Was, wenn es Joe Jr. erwischt hätte?* Der Schmerz, der meine Brust in diesem Augenblick durchstach, war so real, dass ich das Gefühl hatte, es hätte sich im Krankenhaus um meinen Joe gehandelt. Mein Joe auf dem Weg zum Bestatter.

Als ich in unsere Straße einbog, war mein Garten das Neidobjekt der Nachbarn. Tiefes Grasgrün. Die Kanten wie mit dem Lineal gezogen. Der grüne Teppich völlig unkrautfrei. Wie ein Golfplatz. Wie von einem Plakat für eine Heim-und-Garten-Ausstellung. Kein Rasen war besser als meiner. Als ich auf unser Grundstück einbog, war das erste der verlassene Basketball-Korb, der seinen langen Schatten über diesen vollkommenen Rasen warf.

Und mir fiel das Herz in die Hose.

Ich saß in meinem Auto und starte auf das stille Zielfeld und das Netz, und plötzlich hasste ich meinen Rasen. Jede Stunde

Freizeit, die ich auf dieses elende Stückchen Rasen verschwendet hatte, hatte mir wertvolle Zeit geraubt, die ich mit meinem Sohn hätte verbringen können. Mir wurde schlecht bei dem Gedanken, dass ich so hohl gewesen sein konnte, um mich durch simples Gras von dem ablenken zu lassen, was wirklich wichtig im Leben gewesen wäre. Gras, das, sobald der Winter kommen würde, genauso welk aussehen würde wie im Rest der Straße. Wie viel besser wäre es gewesen, diesen Rasen zuzubetonieren und grün anzustreichen, als die Zeit zu verschwenden, die ich mit meinem Jungen hätte verbringen können und die nicht wieder zurückzubringen war.

An diesem warmen Sommerabend war es noch hell, und deshalb eilte ich ins Haus und rief ihn: »Joe, bist du da? Willst du mit mir spielen?« Aus seinem Zimmer hörte ich durch die Tür die vernichtenden Worte: »Tut mir leid, Papa, ich kann jetzt nicht. Ich bin beschäftigt.« (Gott sei dank, mein Sohn und ich sind uns heute näher denn je. Wir spielen nicht nur öfter Golf zusammen, sondern er besiegt mich unbarmherzig!)

Aber dies erscheint mir ein guter Zeitpunkt zu sein, eine Frage zu stellen: *Was ist der Rasen ihres Lebens?* Ihr Hobby? Ihre Karriere? Ihre gemütlichen Abende im Schaukelstuhl? Ihr gesellschaftliches Leben bei den Leuten, die zählen? Ihre Sehnsucht nach allem, was größer, besser, süßer und schneller ist?

Ich weiß nicht, was Ihr spezieller Rasen ist. Ich weiß nur, dass wir alle einen haben!

Und wer ist es, dessen Bedürfnisse durch dieses welke Gras im Leben nach Ihren eigenen Vorstellungen in den Hintergrund gedrängt wird? Ein Freund in Not? Ihre Frau? Ihr Mann? Ihre Kinder? Ein Nachbar, der Hilfe braucht? Ein Kollege auf Arbeit? Eine Witwe, ein Waisenkind?

In der Welt von Petrus war es der Fisch, nicht der Rasen.

Er hatte seine große Chance, den Menschen in seiner Welt Heilung, Rettung, Ermutigung und die befreienden Geschenke der Gnade zu bringen, eingetauscht gegen ... Fische. Fische waren eine Möglichkeit, für sich selbst zu sorgen, seine Bedürfnisse zu erfüllen. Sie waren einfacher. Vorhersagbarer. Mehr das, was ihm lag. Eher das, was er für nötig hielt!

Aber Jesus war nicht bereit, Petrus gehen zu lassen.

Und er ist genauso wenig bereit, Sie gehen zu lassen.

Jesu erste Frage an Petrus hat eine interessante Wendung. *»Simon, Sohn des Johannes, liebst du mich mehr als diese?«* (Joh 21,15).

Mehr als wen? Mehr als was? Zuerst meint man, das Jesus scheinbar fragt, ob Petrus ihn mehr liebe als Thomas und Jakobus und Johannes es taten. Aber das ist sehr unwahrscheinlich. Jesus hat die Konkurrenz zwischen den Jüngern nie gemocht – wer von ihnen der Größte sei im Reich und so weiter. In diesem gewichtigen Augenblick ist es mehr als zweifelhaft, ob er einen weiteren Wettbewerb anfangen wollte.

Was wollte Christus dann sagen, als er fragte, ob er ihn mehr als diese lieben würde.

Es gibt nur noch eine Sache, die am Strand übrig bleibt.

Die Fische! Einhundertdreiundfünfzig schuppige, stinkende Fische!

Liebte Petrus Fisch – sein altes Leben, seine alten Gewohnheiten, seine alte Bequemlichkeit – mehr als er seinen Herrn liebte?

Ich kann mir nicht vorstellen, dass Petrus an diesem Punkt sagt: »Also eigentlich Herr, liebe ich dich sehr, aber in diesem Lebensabschnitt geht es für mich um Fisch.« Natürlich nicht. Aber ich frage mich, ob es das ist, was Jesus aus unserem Herzen hört, wenn er uns herausfordert, unsere Liebe zu ihm auszuleben, indem wir sie in das Leben von anderen hineintragen.

Haben Sie sich je gefragt, warum Jesus sich ausgerechnet Petrus aussuchte, um ihn auf so eindringliche Weise zu befragen? Zählten die anderen nicht? Kümmerte es Jesus nicht, ob sie ihn liebten? Natürlich kümmerte es ihn. Aber Petrus war derjenige gewesen, der das Ganze angestoßen hatte. Es war seine Idee gewesen, das Unternehmen Reich Gottes einzutauschen gegen Netze und Schwimmer. Aber als sie alle dort am Strand saßen und ihre Fischbrötchen verspeisten, völlig konzentriert auf die Unterhaltung zwischen Petrus und ihrem Herrn, können Sie darauf zählen, dass sie verstanden haben, worum es ging. Es ist so, als würden Sie Ihr ältestes Kind bestrafen – die jüngeren spuren ohne weitere Widerworte. Petrus war entscheidend.

Was ich faszinierend und besonders hilfreich finde, ist der Kontext, in dem diese Fragen gestellt wurden. In der Geschichte fordert Jesus die Haltung des Petrus, abspringen zu wollen, an drei Fronten heraus. Jede davon hat die Absicht, Petrus vom Fischen ins Unternehmen Mensch zurückzubringen. Die Kraft dieser drei Fragen hilft auch uns, Schritte zu tun. Schritte zurück zu einer Liebe zu Jesus, die sein Herz berührt, und diejenigen segnet, die unseren Weg kreuzen.

1. Den Ruf erneut annehmen

Petrus hatte mit dem Rest seiner Mannschaft die ganze Nacht gefischt und nichts gefangen. (Ich kann kaum widerstehen hier anzumerken, dass es, wenn wir anfangen, unser Leben nach unseren eigenen Vorstellungen zu führen, unausweichlich zu einem enttäuschenden Fang führt!) Ich frage mich, ob diese entmutigten Jünger, als die Dämmerung über dem stillen See aufging und der Nebel von den Hügeln herabsank, nicht plötzlich an andere Szenen denken mussten, die ihnen noch sehr gut im Gedächtnis waren. In diesen Bergen um den See hatte Jesus die Kranken geheilt, die Fünftausend gespeist und mit faszinierender Autorität gelehrt. Die Erinnerungen an alte Tage muss ihnen schwer auf dem Herzen gelegen haben.

Aber dort am Ufer erregte jemand, der sich bewegte, ihre Aufmerksamkeit. Ein Mann. Ein anderer Fischer vielleicht? Ein einsamer Strandgutsammler, der seinen Morgenspaziergang machte? Sie hatten keine Ahnung, dass es sich um ihren auferstandenen Herrn handelte.

Der Fremde am Ufer rief ihnen über das Wasser etwas zu. Was sagte er? Ach ja, die übliche Frage: »Was gefangen?« Vielleicht etwas irritiert von der Frage (und beschämt, zugeben zu müssen, dass sie gar nichts gefangen hatten), riefen sie ein einfaches »Nein« zurück.

Der Fremde schlug dann vor, das Netz auf der anderen Seite des Bootes auszuwerfen und ... Sie kennen den Rest der Geschichte. In einem Augenblick der Genialität sagte Johannes zu Petrus: *»Es ist der Herr!«*

An dieser Stelle sagt uns der Text, dass Petrus sein Gewand anlegte und über Bord sprang (wieder einmal) und durch das seichte Wasser watete, um Jesus am Ufer zu treffen.

Warum sprang ausgerechnet Petrus über Bord? Warum die Eile, Jesus zu erreichen, während die anderen das Boot ans Ufer ruderten und das Netz hinter sich herzogen, das von zappelnden Fischen fast überquoll?

Weil der Mann am Ufer gerade ein Wunder getan hatte, das wie ein Siegel war und das für Petrus eine unvergessliche Bedeutung hatte. Wie konnte er den Tag vor drei Jahren vergessen, als der Lehrer in sein Boot trat und ihn bat, ein wenig vom Ufer wegzurudern, damit er die Menschen lehren konnte? Als er mit Lehren fertig war, fragte ihn der Rabbi, wie sein Fischzug gewesen sei. Petrus gab zu, dass sein Geschäft nicht so gut lief. Sie hatten sich *»die ganze Nacht hindurch bemüht und nichts gefangen«*. Als Antwort sagte er zu Petrus: *»Fahre hinaus auf die Tiefe, und lasst eure Netze zu einem Fang hinab!«* (Lk 5,4). Lukas erzählt uns weiter ...

»Und als sie dies getan hatten, umschlossen sie eine große Menge Fische, und ihre Netze rissen. Und sie winkten ihren Gefährten in dem anderen Boot, dass sie kämen und ihnen hülfen; und sie kamen, und sie füllten beide Boote, so dass sie zu sinken drohten« (Verse 6-7).

Verblüfft und ängstlich fiel Petrus unten im Boot mit dem Gesicht zu Boden zu den Füßen Jesu nieder, und bat: »*Geh von mir hinaus! Denn ich bin ein sündiger Mensch, Herr!*« (V. 8). Genau an diesem Punkt hörte er die Worte, die seine Berufung bedeuteten – für den Rest seines Lebens. »*Fürchte dich nicht! Von nun an wirst du Menschen fangen*« (V. 10).

Und jetzt, genau in dem Augenblick, als Petrus sich in die Zeit vor seiner Berufung zurückversetzt fühlte, tauchte Jesus mit dem gleichen Wunder am Strand auf. Getroffen durch die Erinnerung an die lebensverändernde Begegnung mit Christus vor drei Jahren eilte Petrus zurück zu Jesus, um seine Berufung wieder neu aufleben zu lassen.

Können Sie sich daran erinnern, als Sie zu Jesus kamen, und die heilende, reinigende Berührung seiner befreienden Gnade empfanden? Als Sie ihm sagten, dass Sie ihm nachfolgen würden und seine Sache vertreten und dafür leben würden, seiner Mission zu dienen? Es wäre sicherlich gut für Sie, sich zu fragen, was sich verändert hat? Hat Jesus sich verändert? Hat seine Mission aktuell keinen Wert? Haben sich die Bedürfnisse der Menschen um Sie herum geändert?

Oder haben *Sie* sich verändert?

Was wäre nötig, dass Sie genau in diesem Augenblick ihren Kopf beugen und den Ruf wieder annehmen, als wäre er heute ganz neu? Jesus will Ihnen begegnen, genau hier auf den Seiten dieses Buches. Wenn Sie ihn lassen, wird er die Liebe in Ihrem Inneren neu entfachen, die so tief und echt ist, dass Sie freudig wieder bei dem Unternehmen einsteigen, das er ernster nimmt als alles andere: Menschen zu retten, zu erlösen und zu ernähren.

Schritt eins als Antwort auf Jesu letztgültige Frage ist es, *den Ruf erneut anzunehmen!*

2. Bringen Sie Ihr Versagen zu ihm

Ganz real gesehen war Petrus nicht mehr derselbe Mann, dem anfangs einige Meter vom Ufer entfernt in seinem Fischerboot die Macht und Autorität Christi begegnet war. Seit dieser Zeit hatte er wiederholt versagt. Und nur Tage vor dieser sich zuspitzenden Begegnung am Strand hatte er genau das getan, von dem er geschworen hatte, es nie zu tun. Eher wäre er gestorben.

Er hatte seinen Herrn verraten, ihn angesichts seiner spottenden Feinde verleugnet. Wie erstaunlich, dass Jesus hier auftauchte und noch immer an der Liebe und Partnerschaft des Petrus interessiert war! Aber da war er. Er stand am Ufer. Er wartete. Er wollte Petrus wiederhaben.

In der Bibel können auch die kleinsten Einzelheiten von Bedeutung sein. Das ist der Fall bei der Anmerkung in Johannes 21,9, dass Jesus am Strand ein Kohlenfeuer angezündet hatte. Es erscheint seltsam, dass Johannes so ein unbedeutendes Detail erwähnen sollte. Hätte es nicht gereicht zu sagen, dass Jesus ein Feuer gemacht hatte? Wen interessiert es schon, welches Brennmaterial verwendet wurde?

Petrus hat es interessiert. Und das aus gutem Grund.

Das Wort Kohlenfeuer wird nur zweimal im ganzen Neuen Testament verwendet. Einmal hier, am Strand des Sees von Tiberias. Und das einzige andere Mal (Sie erinnern sich?) im Hof von Kaiphas ... bei dem Feuer, an dem Petrus sich gewärmt hatte, als er jede Beziehung zu seinem leidenden Freund abstritt.

Kohlenfeuer – Düfte haben so eine Art, Erinnerungen wachzurufen, nicht wahr? Brennendes Laub im Herbst bringt mir Dutzende von Kindheitserinnerungen in den Sinn. Der Geruch von frisch gemähtem Gras erinnert mich an Golf. Ein flüchtiger Eindruck des Parfüms Ihrer Mutter, wenn jemand an Ihnen vorbei geht, ruft allerlei Gedanken über Familie und Aufwachsen auf den Plan.

Ich kann nicht anders, als mir vorzustellen, dass der stechende Geruch dieses Kohlenfeuers das Herz des Petrus mit Gedanken an sein letztes Versagen erfüllte. Nach allen anderen vernünftigen Regeln hätte diese feige Handlung ihn für jede zukünftige Verbindung mit Christus oder seinem Volk disqualifiziert.

So würde man denken.

Aber so dachte Jesus nicht.

In den Augen Christi disqualifizierte der Zusammenbruch des Petrus ihn nicht, Vergebung zu erlangen und wieder im Dienst des Reiches nützlich zu sein. Ich glaube kaum, dass Jesus den Petrus nicht wieder zurück bei seiner Berufung brauchte. Jesus vermisste seinen impulsiven Freund und ergriff die Initiative, ihn zurückzugewinnen – selbst angesichts eines erbärmlichen Versagens.

Jesus weiß es. Er kennt Ihr Versagen, Ihre lähmende Schwäche, Ihre geheimen Götzen. Er ist sich ganz bewusst, wie Sie es sich mit Menschen in der Vergangenheit verscherzt haben. Nichts, keine Einzelheit entgeht seiner Aufmerksamkeit. Und dennoch möchte er Sie reinigen und gebrauchen. Er sehnt sich nach Ihrer Liebe zurück. Kommen Sie, wie Sie sind, und lassen Sie sich von ihm auf die Pfade der Gerechtigkeit führen. Kommen Sie, und gehen Sie mit ihm, um Menschen zu hegen und zu pflegen.

Denn wenn er nicht an Versagern interessiert wäre, hätte er keine Jünger.

Die Worte eines Liedes, mit dem ich aufgewachsen bin, sind ein passendes Gebet: *»Neige dich zu meiner Schwachheit, so mächtig, wie du bist, und hilf mir, dich so zu lieben, wie ich lieben sollte!«*

Schritt zwei als Antwort auf seine letztgültige Frage ist es, *Ihr Versagen zu ihm zu bringen.* Ganz gleich, wer Sie sind oder wo Sie gewesen sind, Jesus möchte sie zurückhaben im Unternehmen des Reiches, gereinigt, und bereit, das Leben von Menschen zu verändern!

3. Vertrauen Sie auf seine Versorgung

Es gibt ein sehr einfühlsames Detail in dieser Geschichte über das Wiedersehen am Strand, das meist übersehen wird.

Es handelt sich sogar um ein Wunder.

Wir haben schon festgestellt, dass einer der Gründe, warum Petrus und das Grüppchen anderer Jünger zurück zu ihrem eigenen Geschäft gingen, war, für ihre eigenen Bedürfnisse und Wünsche sorgen zu müssen. Und das macht das oft unbeachtete Wunder in unserer Geschichte sehr lehrreich.

Als sie am Ufer ankamen, hatte Jesus schon ein Kohlenfeuer gemacht und grillte darauf Fische. *Woher kamen diese Fische?* Der Jesus, der weder Boot noch Netz besaß, hatte schon auf wunderbare Weise einen eigenen Fang gemacht.

Warum?

Weil Jesus auf einen strategisch wichtigen Punkt hinweisen wollte: Die Jünger, und alle von uns, wir finden uns in der Lage, dass wir durch unsere eigenen Bedürfnisse und Wünsche von unserer Mission abgelenkt werden.

Jesus ist der Versorger! Wenn wir ihm dienen, wird er uns geistlich, leiblich, materiell und auf jede erdenkliche Weise versorgen. Und er wird dies *großzügig* tun. Es ist offensichtlich, dass Johannes, der uns diese Geschichte berichtet, Fischer ist. Er erzählt uns, wie viele Fische in dem Netz waren. Es waren einhundertdreiundfünfzig. Und beachten Sie auch, dass er anmerkt, dass es »große« Fische waren. Das waren nicht nur gute Fische in dem Netz, das waren besonders gute Fische. Die Gunst unseres Herrn reicht nicht nur aus, sondern er ist in der Lage, überreichlich über alle Vorstellung und Bitten hinaus zu geben. Und wie er den Jüngern schon gesagt hatte: Wenn sie sein Reich suchen, dann werden alle ihre Bedürfnisse erfüllt. Wie er sagt: *»Euer Vater weiß, dass ihr dies alles benötigt«* (Mt 6,8).

Sie mögen sich Ihrer Mission entziehen, um selbst Gewinn

davon zu haben oder Ihre eigenen Bedürfnisse zu erfüllen, aber das ist nie ein Grund, nur eine Ausrede.

Jesus sorgt für Sie!

Er sorgt für Gnade, die Sie erhält und wiederbelebt. Wenn Sie nicht wissen, was Sie als Nächstes tun sollen, dann wird er Sie mit Weisheit versorgen. Wenn Sie sich selbst um anderer willen aufgeopfert haben, dann wird er durch die besondere Gemeinschaft mit sich für Sie sorgen oder durch die Liebe und Fürsorge von jemand anderem, den er Ihnen in den Weg schickt. Wenn Sie kein Geld mehr haben, wird er für die Mittel sorgen, die Sie brauchen. Wenn Sie zu wenig Zeit haben, weil Sie mehrere Stunden aufgewendet haben, um jemand anderem zu helfen, dann wird er sie Ihnen wiedererstatten. Es ist unsere Berufung, zu dienen. Es ist seine Freude, uns zu versorgen!

Schritt drei zu einem Leben, das an anderen Menschen orientiert ist, lautet: *Fange an, dich mit dem Leben von Männern und Frauen zu beschäftigen, und vertraue Gott, dass er dich versorgt und beschützt.*

Gewinnen Sie ihre Berufung als Nachfolger zurück! Kommen Sie, um sich von Ihrem vergangenen Versagen reinigen und wiederherstellen zu lassen. Vertrauen Sie, dass er für Ihre Bedürfnisse sorgt, während Sie sich um die Bedürfnisse von anderen kümmern! Und fangen Sie an. Er wird Ihre Liebe erfahren, indem Sie in Liebe versuchen, andere Menschen zu erreichen.

14. Kapitel

Wichtig nehmen, was ihm wichtig ist

... Und die Menschen in einem ganz neuen Licht sehen.

Wellen brachen sich an der Küste, die Kohlen glommen im Sand und die aufgehende Sonne schmolz die nächtlichen Schatten weg.

Eine friedliche, ruhige Kulisse – vielleicht, aber vor über zweitausend Jahren sollte an diesem einsamen Strand in Galiläa etwas extrem Wichtiges geschehen. Jesus wollte Petrus eine unvergessliche Lehre erteilen. Und zwar diese: Wenn Sie den Menschen den Rücken zukehren, dann kehren Sie im Prinzip Jesus den Rücken zu.

Dies ist der grundlegende Punkt für diejenigen unter uns, die immer noch sagen: »Geben Sie mir ein wirklich gutes Argument dafür, dass ich mir in meinem Leben den Umstand mache, mich um Menschen zu kümmern!« Der wirklich gute Grund ist, dass Sie sich ins Leben von anderen Leuten nicht um der Menschen willen einmischen – noch nicht einmal um Ihretwillen – sondern um die Tiefe und Qualität Ihrer Liebe zu Jesus zu beweisen.

Lassen Sie uns das Gespräch Jesu mit Petrus unter die Lupe nehmen. Vielleicht können wir den einen oder anderen Hinweis finden, der uns dabei hilft, uns mit neuem Elan in der wilden, wundervollen und manchmal verwirrenden Welt der Menschen zu engagieren.

Lassen Sie uns noch einmal zu Johannes 21 zurückkehren und zu dem Drama, das sich nach dem morgendlichen Fischgrillen am Ufer abspielte. Am Ende des Dienstes Christi auf Erden erschien er noch einmal, um das in Verwirrung geratene Leben seiner Jünger zu unterbrechen. Sein Ziel war es, sie zurück in die Spur zu bringen, damit sie seinen Plan für ihr Leben erfüllen konnten. Sein Ziel bei dieser Gelegenheit war Petrus ... aber es hätten genauso gut Sie oder ich gewesen sein können.

»*Als sie nun gefrühstückt hatten, spricht Jesus zu Simon Petrus: Simon, Sohn des Johannes, liebst du mich mehr als diese? Er spricht zu ihm: Ja, Herr, du weißt, dass ich dich lieb habe. Spricht er zu ihm: Weide meine Lämmer!*

Wieder spricht er zum zweiten Mal zu ihm: Simon, Sohn des Johannes, liebst du mich? Er spricht zu ihm: Ja, Herr, du weißt, dass ich dich lieb habe. Spricht er zu ihm: Hüte meine Schafe!

Er spricht zum dritten Mal zu ihm: Simon, Sohn des Johannes, hast du mich lieb? Petrus wurde traurig, dass er zum dritten Mal zu ihm sagte: Hast du mich lieb? und sprach zu ihm: Herr, du weißt alles; du erkennst, dass ich dich lieb habe. Jesus spricht zu ihm: Weide meine Schafe!« (Joh 21,15-17).

Worauf wollte Jesus hier hinaus? Wollte er die Tiefe der Liebe des Petrus infrage stellen? Das bin ich jahrelang gelehrt worden. Ja, ich habe wahrscheinlich selbst Predigten aus dieser Perspektive gehalten. Ein kleines Geheimnis, das sich nur in den griechischen Texten findet, ist die Tatsache, dass Petrus und Jesus zwei verschiedene Wörter für Liebe in diesem Austausch benutzten. Jesus fragte Petrus, ober er ihn *agapen* würde. Und Petrus antwortete: »Ja, Herr, ich *phileo* dich.«

Agape-Liebe ist die höchste Liebe und wird am häufigsten als Gottes Liebe zu uns beschrieben. Es ist die Liebe, die über Gefühle hinausgeht, über unsere Umgebung, die persönlichen Interessen und darüber, ob man es wert ist, sie zum empfangen. *Agape* liebt gerne – ganz gleich, was geschieht. Sie ist bedingungslos und absolut verlässlich.

Phileo-Liebe dagegen, ist eine Art Familienliebe – die brüderliche Liebe. Das ist die Liebe, die man für die Geschwister empfindet (wenn man über 25 ist!).

Weil Jesus die Frage wiederholt, ist es leicht, daraus zu schließen, dass er versucht, die Liebe des Petrus von der *phileo*-Ebene auf die höhere Ebene der *agape*-Liebe anzuheben. Deshalb stellt er die Frage ein zweites Mal. Als ob Jesus sagen würde: »Nun, Petrus, höre einmal genau auf das, was ich sage: *Agapst* du mich?« Das Problem mit dieser Erklärung ist die Tatsache, dass Jesus bei der dritten Frage das Wort *phileo* benutzt. Will Jesus damit etwa sagen: »Nun, ok, ich werde mich mit *phileo*-Liebe begnügen, wenn das alles ist, was du mir schenken willst?« Das sieht auch gerade Jesus ganz ähnlich, den Maßstab herunterzuschrauben, nicht wahr? Natürlich nicht! Ich weiß von keinem Fall, in dem er das getan hätte.

In der Tat sind unter seltenen Umständen die Wörter *agape* und *phileo* austauschbar. Zur Verteidigung des Petrus: Es könnte sein, dass er sagen wollte, dass seine Liebe etwas mehr war als eine willensentscheidende Liebe. Nach drei intensiven Jahren der Beziehung liebte er Jesus wirklich wie einen Bruder. In dieser Kultur war das Band der Liebe zwischen Geschwistern noch wichtiger als die Liebe zu den Eltern.

Wenn die Bedeutung also nicht in der Wortwahl liegt, was geht hier dann vor? Warum diese ausführliche Fragerei? Manche Ausleger haben spekuliert, dass Jesus Petrus, weil er ihn dreimal verleugnet hat, nun dreimal an dieses Versagen von Liebe und Loyalität erinnert.

Nun, vielleicht. Aber eigentlich sagt der Text uns nicht, warum Jesus die Frage dreimal stellt. Wir können uns jedoch sicher sein, dass Jesus nicht die bloße sprachliche Bestätigung der Liebe des Petrus haben wollte. In jedem Fall drängte Jesus den Petrus über die Worte »Ich liebe dich« hinaus. Es ging darum, dass die Taten im Leben des Petrus seine Liebe zu Christus beweisen sollten. Und genauso ist es bei Ihnen und bei mir.

Jesus zu lieben bedeutet, *das wichtig zu nehmen, was Jesus wichtig ist.* Und wie wir wissen, sind ihm in allererster Linie Menschen wichtig – ihre Hege und Pflege. Dass es ihnen in diesem Leben gut geht, und ihr ewiges Schicksal.

Es mag für manche von Ihnen enttäuschend sein, aber ich habe während der meisten Jahre meiner Kindheit in einer Familie ohne Haustiere gelebt. Die wenigen Erinnerungen an Haustiere, die ich habe, sind nicht so überzeugend. Ich erinnere mich daran, dass ich meine Eltern anbettelte, mir doch zu Weihnachten einen Welpen zu schenken, der nach sechs Wochen weggegeben werden musste, weil ich ihn vernachlässigt hatte. Dann gab es das Osterfest, als jemand aus der Gemeinde meines Vaters uns einige Hühnerküken schenkte. Meine lebhafteste Erinnerung an diese Episode war, dass ich sah, wie meine Schwester versehentlich auf eines der Küken trat. (Ich erspare Ihnen weitere Einzelheiten.)

Wenn ich mich recht erinnerte, hatte meine Mutter jahrelang einen Kanarienvogel, aber wissen Sie, wie schwer es ist, zu einem Vogel eine Beziehung aufzubauen?

Deshalb wuchs ich in dem Glauben auf, dass Haustiere unnötig und unwichtig seien. Das war doch offensichtlich – oder nicht? Menschen, denen menschliche Liebe fehlte und die es alleine nicht durchs Leben schafften, brauchten wohl Hilfe von Haustieren. Aber für den Rest von uns ausgeglichenen, selbstzufriedenen Individuen waren Haustiere nicht nötig.

Bald nachdem wir geheiratet hatten, schlug jedoch Martie vor, dass wir uns einen Hund anschaffen sollten. Ahnungslos ließ ich meine Meinung vom Stapel, dass doch nur Menschen, die mit menschlichen Beziehungen nicht zurecht kommen, die Krücke eines Haustieres brauchten. Ich fürchte, das war nicht mein bester Augenblick. Und auch unsere eben erst begonnene Beziehung förderte es nicht gerade.

Ich hatte vergessen, dass Martie in einer Familie aufgewachsen war, in der es Haustiere gab. Ihre lebenslange Liebe war Trudy, ein schwarzer Retriever. Trudy war immer für sie da. Wenn all ihre Freunde sie in der Schule gemieden hatten, dann war Trudy da, um sie schwanzwedelnd zu Hause willkommen zu heißen. Wenn Martie die Tür ihres Zimmers hinter sich schloss, um sich auszuheulen, dann war Trudy da, um ihr die Tränen von den Wangen zu lecken.

In diesem ungemütlichen Augenblick in unserer Beziehung verstand ich ein wichtiges Prinzip: *Man drückt seine Liebe zu jemandem aus, indem man das wichtig nimmt, was dem anderen wichtig ist.*

Also kauften wir einen Hund. Eine altenglische Hütehündin, die wir Paddington tauften.

Wie es sich herausstellte, sollte nicht die anfängliche Investition, sondern die Unterhaltung die Tiefe meiner Liebe beweisen. Ob es mir passte oder nicht, ich Nichthundemensch musste die Hündin lieben, um meiner Liebe zu Martie Ausdruck zu verleihen.

Also fütterte ich die Hündin. Ich ging mit ihr spät abends Gassi. Putzte hinter ihr her. Und, hätten Sie das gedacht – sie stahl sich in mein Herz.

Die Ankunft von Paddington und meine darauffolgende Hingabe, Martie bei der Pflege des Tieres zu helfen, hatten wenig mit dem Hund zu tun. Für mich ging es nur um Martie.

Es war meine Liebe zu ihr, die mich dazu brachte, mich in der Hunde-Welt zu engagieren. Und bis heute habe ich das, obwohl Paddington jetzt schon im Hundehimmel ist, nie bereut.

Mein Leben wurde sogar als Ergebnis des Lernprozesses, dass meine Liebe sich darin beweist, »das wichtig zu nehmen, was ihr wichtig ist«, in eine Reihe von Aktivitäten geworfen, die ganz ehrlich nicht alle so viel Spaß gemacht haben. Ich habe Meilen von Tapete geklebt, unzählige Zimmer gestrichen, Windeln gewechselt, abgestaubt und gestaubsaugt. Martie lieben bedeutet, was es in jeder anderen Beziehung bedeutet: in ihre Welt einzusteigen und wichtig zu nehmen, was ihr wichtig ist.

Das ist genau der Punkt, den Jesus in diesem Text betont. *Wenn du mich liebst, dann ist dir wichtig, was mir wichtig ist.*

Man darf nicht übersehen, dass Jesus in unserem Text das Wort »Schafe« als Bild für Menschen benutzt.

Selbst wenn Sie nur wenig über Schafe wissen, dann ist dieses Bild sehr lehrreich. Und nicht besonders schmeichelhaft. Schafe sind weder stark, schnell, noch besonders schlau. Leicht werden sie von Raubtieren verletzt. Sie wandern umher und finden häufig den Weg nicht mehr. Sie können noch nicht einmal den Weg heim zu ihrem Schuppen allein finden, wenn der Hirte sie nicht führt. Schafe neigen dazu, zu viel zu trinken, wenn sie an schnell fließenden Gewässern getränkt werden, und weil ihre Nasenlöcher und Mäuler so nah beieinander sind, können sie sich im wahrsten Sinne des Wortes selbst ertränken, wenn sie ihren Durst löschen.

Ganz einfach, diese Tiere gehören zu den geistig nicht so regen Tieren im Tierreich und finden schlecht ihren Weg. Sie brauchen wirklich Hilfe.

Genau wie Menschen.

Menschen sind verletzlich. Und eigenwillig. Und töricht. Und schwach. Wenn wir nicht von Christus beschützt werden, sind wir alle leichte Ziele für die heftigen und lähmenden Angriffe der geistlichen Unterwelt. Ganz gleich, wie gebildet wird sind, wie reich oder auch einfallsreich, selbst die Besten von uns spielen außerhalb unserer Liga, wenn wir den Kräften des Bösen begegnen. Wir sind wie Schafe, die einen Hirten brauchen!

Jesus betont hier, dass Menschen Hilfe brauchen.

Und das ist es, was Hirten tun.

Sie helfen.

Sie beschützen, unterstützen und retten Schafe, die sich in dornigen Hecken verfangen haben, während sie dem grüneren Gras nachliefen.

Sie folgen kleinen Lämmern (und auch alten Schafen und

Böcken, die es besser wissen sollten), die sich in den Gruben und Schlingen des Lebens verfangen haben.

Höre ich, wie Sie denken, dass dies ein wirklich guter Abschnitt ist, den ihr *Pastor* lesen sollte? Schließlich sind *sie* doch die Hirten der Herde Gottes?

Ja natürlich. Aber es geht nicht nur um sie. Jesus beruft alle seine Nachfolger, andere zu hüten und zu beschützen. Und wenn Sie meinen, dass man dabei nicht besonders glänzend dasteht, dann haben Sie wirklich Recht. Hirten zur Zeit Jesu befanden sich am unteren Ende der sozialen Leiter. Sie hatten eine einsame Aufgabe, die niemand beachtete. Aber Schafe waren die Quelle von Reichtum. So schwach und dumm sie sein mochten, sie waren das Rückgrat der Investitionen ihres Eigentümers. Zu dieser Zeit maß man seinen Erfolg und sein Glück daran, wie viele Schafe man besaß, und in welchem Zustand sie waren. Aus dieser Perspektive waren die Hirten die Verwalter des wertvollsten Gutes im Land.

Merken Sie etwas?

Gottes irdischer Reichtum besteht in einem wertvollen Gut: Menschen. Sie sind der einzige Teil seiner Schöpfung, den er nach seinem Ebenbild schuf. Warum? Damit er durch sie verherrlicht wird und mit ihnen erfüllende Gemeinschaft hat. Er hat keinen wichtigeren Besitz. Aber sein Schatz ist in Gefahr, und wir sind die Hirten, die für seine Investitionen sorgen sollen. Wenn wir das gut tun, spürt er unsere Liebe.

Hier ist also die befreiende Wahrheit: Wenn wir uns auf konstruktive Weise um Menschen kümmern, dann geht es gar nicht um sie. Es ist gleichgültig, ob Sie sie mögen oder nicht, ob sie Ihre Aufmerksamkeit verdienen oder nicht, ob Ihre Aufmerksamkeit ihnen gegenüber belohnt wird oder nicht, oder selbst, ob sie Ihre Fürsorge missverstehen und negativ darauf reagieren. Es ist nicht wichtig, ob Ihre Frau auf einem Besen durchs Fenster reitet, oder ob der schlaffe Körper Ihres Ehemannes auf dem Sofa festgewachsen ist und er eine in die Hand einoperierte Fernbedienung besitzt. All das ist absolut irrelevant, und darf nicht länger als gültige Entschuldigung aufgefasst werden, sich vom »Unternehmen Mensch« abzumelden.

Sie tun es nicht für *sie*. Sie tun es für Jesus, der wirklich *alle* Liebe verdient, die Sie aufbringen können.

Nun, ich würde nicht empfehlen, den Menschen zu sagen, dass Ihre Bemühungen, ihnen zum Segen und nützlich zu sein, nichts mit ihnen zu tun hat. Aber das ist die Wahrheit. Letztlich sind es Jesus und dazu Ihres Herzens Verlangen, ihm zu gefallen und ihn zu ehren, die Sie zu den Menschen in die Arena treibt. Zu allen Arten von Menschen!

In den Jahren, während derer ich Christus am *Moody Bible Institute* und als Pastor gedient habe, kreuzten sehr verschiedene Menschen meinen Weg. Es gab keinen einzigen, der nicht irgendein Bedürfnis gehabt hätte. Es war sogar sehr deutlich, dass einige bedürftiger als andere waren. Wie ein Freund von mir gerne sagt: »Das Licht zieht immer ein paar Insekten an!« Und ganz ehrlich (wenn ich das Ihnen gegenüber als gewissermaßen privates Geständnis sagen darf), einige von ihnen frustrierten mich sehr und führten durch ihre Kritik und ihre Ansprüche zu Vorurteilen in meinem Herzen und meinem Denken.

Ich werde nie die neue Begeisterung vergessen, die meine Stimmung an dem Tag hob, als ich erkannte, dass all diese Leute in meinem Leben – sowohl die, die es lohnten, als auch die, die dies nicht lohnten – Jesus *wertvoll* waren! Sie sind sogar sein wertvollster Besitz. Er starb für jeden von ihnen. Er liebt sie und sehnt sich danach, sie zum Besten zu führen ... samt aller Warzen und was sonst noch. Er erwartet von mir, dass ich ihn genug liebe, um dabei zu helfen, diese Aufgabe zu erledigen.

Wie nett wäre es doch, wenn wir »einfach nur Jesus lieben« könnten, ohne diesen schmutzigen, frustrierenden Menschen-Anteil. Ich habe oft gedacht, dass mein Christenleben ganz einfach wäre, wenn es nicht all die Menschen gäbe!

15. Kapitel

Priorität Menschen

... niemand hat behauptet, es sei leicht.

Linus klammert sich an seine Schmusedecke, die er immer dabei hat, und verkündet Lucy mit ungewohnter Entschlossenheit in der Stimme, dass er nun wisse, welche Berufung er im Leben habe. Er wolle Arzt werden.

Lucy, die immer ein wenig angsteinflößende große Schwester, erwidert, dass er auf keinen Fall Arzt werden könne, denn, so sagte sie, er hasse die Menschheit.

Getroffen von diesem Einwand schießt Linus zurück, dass sie wirklich keine Ahnung habe. Er *liebe* die Menschheit. Es seien die Leute, die er nicht ertragen könne.

Wir alle können uns mit der zweifelhaften Unterscheidung identifizieren, die Linus hier vornimmt. Die Menschheit ist etwas Wunderbares. Es sind diese nervtötenden Leute, die die Suppe verderben. Während sie häufig die Quelle unserer größten Freude sind, ist es genauso wahrscheinlich, dass sie uns benutzen, frustrieren, betrügen, ängstigen, missverstehen, kritisieren, manipulieren, missbrauchen, hinter unserem Rücken über uns reden, uns ignorieren und uns unausweichlich enttäuschen.

Viele von uns sind zu der Erkenntnis gelangt, dass Menschen kompliziert und unvorhersagbar sind – insbesondere, wenn sie »nicht wie wir« sind. Unterschiede im Geschlecht, der Hautfarbe, der Kultur und der Klasse komplizieren unser Bestreben, an Beziehungen Freude zu finden. Wir merken, dass wir verwirrt sind und übervorsichtig werden, wenn derjenige, der uns in einem Augenblick Freude macht, uns im nächsten enttäuscht!

Der einzige Weg, in dieser menschengefährlichen Welt zu überleben (so sagt man uns), sei es, alles in die eigene Hand zu nehmen und sicherzustellen, dass es im Leben nur um uns geht – um unsere eigenen Träume, Ziele und Wünsche. Und wenn Menschen die Bahn dieser Träume bedrohen, dann sollten wir sie wie Ballast abwerfen. So schnell wie möglich. Die zu benutzen, die dir helfen können, und jeden anderen zu eliminieren, scheint der Name des heutigen Spiels zu sein.

Wie Paul Simon gesungen hat: »Mach dich einfach zur Hintertür raus, Jack, und befreie dich!«

Kurz gesagt, mit Ausnahme von einigen wiederkehrenden zwanglosen und bequemen Begegnungen, erscheint uns das Leben für andere – für ihre Hege und Pflege – zu gefährlich zu sein. Einige von uns haben auf die harte Tour gelernt, dass man, wenn man sich mit Menschen beschäftigt, verwundbar ist und risikoreich lebt. Außer ein paar wenigen engen Freunden, die uns bestätigen, dass wir gut sind, und einigen Untergebenen auf der Arbeit, die tun, was wir sagen und uns (zumindest wenn wir anwesend sind) gut behandeln, ist die Welt der Menschen uns oft zu unheimlich, um mehr als nur am seichten Ende in sie hineinzuwaten.

Wir verbergen unseren Widerstand gegen engere Beziehungen, indem wir Vernachlässigung heuchlerisch »auf Jesus konzentrieren« nennen. Hört sich gut an, nicht wahr? Schließlich ist er der Eine, dem wir vertrauen können. In der Beziehung zu ihm (wer braucht schon andere Leute?) fühlen wir uns sicher und zufrieden.

Aber wir sind dann auch weit weg vom Ziel. Und der Herr unseres Lebens ist alles andere als zufrieden. Geduldig, bestimmt und wiederholt erinnert er uns daran, dass unsere Beziehung zu ihm nirgendwo hinführt, es sein denn, dass wir sie als mutige, konstruktive Einmischung in das Leben von anderen Menschen ausleben. Als Petrus seine Liebe zu Jesus mit Worten bestätigte, sagte Jesus im Wesentlichen, dass er daran erkennen könne, ob Petrus ihn ernsthaft liebe, wenn Petrus sich mit Menschen beschäftigen würde. Oder wie er es wörtlich ausdrückt: »*Weide meine Schafe.*« Er bemisst seinen Wert in unserem Leben nicht danach, was wir sagen, nicht danach, was wir in von Herzen kommenden Lobpreisliedern singen, nicht nach den Regeln, die wir einhalten, sondern wie wir mit Menschen umgehen und auf ihre Nöte reagieren.

Einer der Anwälte der Schriftgelehrten versuchte einmal, Jesus mit einer wichtigen Frage eine Falle zu stellen: »Lehrer«, fragt er, »welches ist das größte Gebot im Gesetz?«

Als Antwort ging Jesus weit zurück zum ersten der Zehn Gebote: dass wir den Herrn, unseren Gott, von ganzem Herzen, ganzer Seele und ganzem Verstand lieben sollen.

Wir alle lieben dieses Gebot. Es hört sich sehr gut an. Aber dann legte er noch eins drauf:

Das zweite sei genauso wichtig wie das erste: Du sollst deinen Nächsten wie dich selbst lieben. Mit anderen Worten: *Wenn du behauptest, dass du Gott liebst, dann steht und fällt der Beweis für diese Liebe damit, was du mit deinem und für deinen Nächsten tust.*

Sie sagen vielleicht: »Richtig, aber offensichtlich kennt Jesus meinen Nachbarn leider nicht!« (Im Englischen wird das gleiche Wort für Nächster und Nachbar benutzt. Anm. d. Übers.).

Anstatt anzunehmen, dass die Allwissenheit Jesu an der Grenze Ihres Grundstückes endet, wäre es besser, wenn Sie fragen würden: »Wer ist denn mein Nächster?«

Machen Sie sich auf etwas gefasst.

Die biblische Definition für *Nächste*, wie sie Jesus in diesem Text benutzt, ist *jeder, der unseren Lebenspfad kreuzt* – nicht nur der Mann oder die Frau, die hinter der nächsten Tür wohnt. Es ist diese unhöfliche Person, die vor Ihnen an der Kasse für Kunden mit »zehn oder weniger Teilen« steht und wegen der Sie sich verspäten, weil sie eben 17 Teile auf das Laufband gelegt hat. (Und Sie sind sich sicher, dass es 17 sind, weil Sie sie gerade eben mitgezählt haben!)

Es ist Ihre Frau. Ihr Ehemann. Ihr Mitbewohner. Ihr Mitarbeiter. Es ist jeder, der nahe genug kommt, um geliebt zu werden oder ihre Hilfe anzunehmen.

In seiner letzten Lehrstunde mit seinen Jüngern hob Jesus die Latte mit einem neuen Gebot noch höher: Sie sollten einander lieben. Als Minimum heißt das sicherlich, dass wir uns positiv ins Leben von unseren Mit-Nachfolgern einmischen sollten. Und wir sollten uns im Klaren darüber sein, dass dies der härteste Test überhaupt sein könnte. Haben Sie je das Gefühl gehabt, dass viele Menschen, die Sie kennen, die nicht zu den Gläubigen zählen, netter und einfacher zu lieben sind, als manche Christen, die Sie kennen? Das erinnert mich an den Spruch, der etwa folgendermaßen lautet: »Dort oben zu leben mit den Heiligen, die wir lieben, das wird Freude sein! Aber unten zu leben mit den Heiligen, die wir kennen, ... nun, das ist eine ganz andere Sache!«

Aber worum es wirklich geht, wird deutlich, als Jesus diese Erinnerung anfügt: Andere außerhalb der Familie werden unsere Beziehung zu ihm nur dann erkennen, wenn wir leben, um einander zu lieben. Das ist eine gute Erinnerung für diejenigen von uns, die zu lange gedacht haben, dass Außenstehende wissen werden, dass wir Christen sind, weil wir »nicht trinken, tanzen, rauchen, Tabak kauen, oder mit Mädchen ausgehen, die sowas tun.«

Nachdem ich vor ein paar Monaten einige der Konzepte in diesem Buch gelehrt hatte, wurde ich nach dem Abend von einer Dame angesprochen. Sie sagte mir, dass sie und ihr Ehemann erst seit Kurzem in eine kleine Gemeinde gehen würden. Ihre neue Gemeinde, so merkte sie an, betone stark das Einhalten einer ellenlangen Liste von »Lebensregeln«. Doch gleichzeitig, fügte sie hinzu, sei sie noch nie in einer Gemeinde gewesen, in der es mehr Klatsch und hinterhältiges Gerede gäbe als in dieser Gemeinde.

Sie können garantiert davon ausgehen, dass Jesus an diesem Ort nicht geliebt wird – ganz gleich, was sie sagen oder singen; ganz gleich, welche Bibelübersetzung sie für die Predigten benutzen; ganz gleich, ob ihre Liste von Regeln einmal um den Block und zurück reicht.

Stellen Sie sich diese einfache Frage: »Was ist der Hauptzweck meines Lebens?« Für einige ist die ehrliche Antwort persönliches Überleben. Für andere stehen Antworten wie sparen für die Rente, mehr Geld verdienen, im Beruf weiterkommen, diese »ideale« Bekanntschaft machen, einen stillen Abend am Kamin mit einem guten Buch verbringen oder sein Golf-Handicap verbessern ganz oben auf der Liste. Die Wahrheit ist, dass sich bedingungslos in das Leben anderer einzumischen, um zu helfen und zu heilen, auf den meisten unserer Listen nicht ganz oben steht.

Und, das möchte ich hinzufügen, es ist an den Dingen auf Ihrer Liste sicher nichts Verkehrtes. Ich hoffe wirklich, dass ich mein Golf-Handicap verbessern kann. Es ist nur, dass etwas mit jeder Liste nicht stimmt, bei der die Priorität Mensch nicht ganz oben steht.

Wenn Sie sich noch immer fragen, ob das wirklich so wichtig ist, dann denken Sie daran, was Jakobus sagt. Die englische Bibelausgabe *The Message* (Die Botschaft) drückt das in etwa so aus: *»Jeder, der sich selbst als ‚fromm' hinstellt, indem er große Reden schwingt, betrügt sich selbst. Diese Art der Frömmigkeit ist nichts weiter als heiße Luft. Echte Frömmigkeit, solche, die die Prüfung vor Gott dem Vater besteht, sieht so aus: Kümmere dich um Obdachlose und um die Notlage von denen, die ohne Liebe auskommen müssen, und hüte dich vor Verderben durch die gottlose Welt«* (Jak 1,26-27).

Wir müssen die Realität verstehen, dass Jesus nachfolgen nicht immer heißt, dass es nur um »uns und ihn« geht. Auch ist

Nachfolge nicht immer »sicher« oder bequem. Ja, es ist immer ein gutes und außerordentlich lohnendes Unternehmen, ihm zu folgen. Aber seien Sie bereit: Der Weg wird immer direkt in das Leben anderer Menschen führen.

An diesem Punkt, da bin ich mir sicher, werden in Ihrem Herzen sicherlich viele Einwände auftauchen. Sie brauchen nicht überrascht zu sein. Der Feind möchte Menschen zu seinen eigenen, zerstörerischen Zwecken haben und hat es nicht gerne, wenn Sie ihm in den Weg treten. Ich kenne die Ausreden, denn zu der einen oder anderen Zeit war auch ich versucht, sie zu benutzen. *Er verdient meine Fürsorge und Aufmerksamkeit nicht ... Sie wird mich jedenfalls ausnützen, wenn ich nett zu ihr bin ... Meine Hilfe wird ganz wahrscheinlich missverstanden, abgelehnt, kritisiert, ignoriert werden oder keinen Erfolg haben ... Außerdem, was ist mit MIR? Wer wird für mich sorgen und mich lieben, wenn ich anfange, den Bedürfnissen anderer Menschen in meinem Leben Priorität einzuräumen? ... Außerdem, ganz ehrlich, wenn ich auf der Arbeit alles gegeben habe, dann bin ich normalerweise viel zu müde, um noch etwas anderes zu tun, als mich von meinem Sessel aus durch die Programme zu zappen.*

Niemand hat behauptet, es sei leicht. Es ist eine Tatsache, dass sich Jesus in die Bedürfnisse Ihres und meines Lebens eingemischt hat, und dabei den ganzen Weg bis zum Kreuz gegangen ist. Was mich daran erinnert, dass er uns auffordert, dass auch wir unser Kreuz auf uns nehmen sollen, wenn er uns zur Nachfolge beruft.

Denken Sie daran! Wir sind noch nicht zu Hause. Wir stehen im Krieg, und Rettungsaktionen in der Welt von Menschen durchzuführen, bedeutet, dass man Schneid braucht. Aber wie uns der Hebräerbrief berichtet, ist Jesus auch an der Aufgabe drangeblieben, unsere sterbenden Seelen zu retten, um der Freude willen, die vor ihm lag. Denken Sie an einen Bruder, den man gewonnen hat, eine Schwester, die man vor dem Fall gerettet hat, an das Lächeln auf dem Gesicht eines Waisenkindes, an einen Freund, der ermutigt wurde, und an den Sechsjährigen, der Sie umarmt und sagt: »Papa, ich finde es ganz klasse, wenn du mit mir Ball spielst.« Der Kampf mag immer wieder herausfordern, aber der Lohn ist einfach überirdisch!

Eine der liebsten Erinnerungen, die ich habe, dreht sich darum, wie mein Vater abends mit mir gebetet hat und dann das Licht ausmachte. Ich hatte ein altes, ausrangiertes Radio gerettet und es auf den Nachttisch neben mein Bett gestellt. Nachdem ich gewartet hatte, dass mein Vater durch den Flur gegangen war, habe ich es mit ganz leise gestelltem Ton angeschaltet. Wenn ich mein Kopfkissen ganz nah an die Bettkante rückte, konnte ich zuhören, ohne dass jemand anders es merkte. In die Dunkelheit hinein sang eine sanfte und beruhigende Stimme die folgenden Worte, die das Programm eröffneten:

»Jemand sorgt für dich
und für deine Sorgen, bis der neue Tag heraufzieht!
Jemand sorgt sich, ob du in der Nacht gut schläfst,
ob dein Tag ganz verkehrt läuft,
oder ob der Tag gut läuft!
Jemand sorgt für dich,
und für deine Sorgen, bis die neue Sonne heraufzieht.
Bitte glaube mir, es ist wahr, aber falls du es noch nicht gewusst hast:
Jemand sorgt für dich!«

Und dann sagte der Sprecher immer: »Habe keine Angst, Big Joe ist hier!« Während des restlichen Programms nahm Big Joe Anrufe von Menschen in Not entgegen, und arrangierte Möglichkeiten, damit diese Not gelindert wurde.

Es vermittelte meinem kleinen, unkomplizierten Leben ein beruhigendes und erfüllendes Gefühl, wenn ich Big Joe singen und reden hörte. Für mich erschien er als riesiger, überdimensionaler Marshmellow, in den die ganze Welt sich fallen lassen und glücklich sein konnte.

Weil ich nicht weit von der Stadt New York wohnte, fällt mir erst heute als Erwachsener auf, dass es in einer solch großen und unpersönlichen Stadt viele gegeben haben muss, die verloren und allein waren, überwältigt von den Nöten ihres Lebens. Wie heilsam muss es für sie gewesen sein zu hören, dass jemand für sie sorgt!

Vielleicht liest jemand gerade jetzt dieses Buch und muss seine Tränen zurückhalten, weil er sich wünscht, dass jemand diese Seiten liest und in seinem Leben auf fürsorgliche Weise eingreift.

Könnten Sie es sein, auf den diese Menschen warten?

16. Kapitel

So viele Menschen, so wenig Zeit

Taten der Liebe vollbringen

Hier ist, was wir gelernt haben: Aus Jesu Sicht gibt es nur eines in dieser Welt, das wirklich zählt: Menschen.

Gottes Sohn hat eine Leidenschaft dafür, Männer und Frauen, Jungen und Mädchen vor den bösen Plänen des Zerstörers zu retten. Er sorgt sich um ihr ewiges Schicksal.

Er weinte über Jerusalem, weil er die Menschen dort gerne wie verletzliche Küken unter seinen Flügeln gesammelt hätte. Er war von Mitleid bewegt, weil die Menschen seiner Ansicht nach verzweifelt und bestürzt waren wie Schafe ohne ihren Hirten. Mit seinen eigenen Lippen erklärte er, warum er diesen kaputten Planeten besuchte: *»Denn der Sohn des Menschen ist gekommen, zu suchen und zu retten, was verloren ist«* (Lk 19,10). Sein Leben drehte sich nicht um sich selbst. Er hatte auf der Erde nicht viel Zeit, und er hatte immer Rettung im Sinn. Wenn Sie das bezweifeln, dann folgen Sie ihm einmal nach.

Den ganzen Weg zum Kreuz.

Außer dass er sich hin und wieder absonderte, um zu ruhen und zu beten, um seine Kräfte für den nächsten Tag mit den Menschen zu sammeln, drehte sich sein Leben nie um seine eigenen Interessen oder darum, etwas für sich zu erreichen. Mit seinen eigenen Worten ausgedrückt: *»Der Sohn des Menschen ist* *nicht gekommen, um bedient zu werden, sondern um zu dienen und sein Leben zu geben als Lösegeld für viele«* (Mt 20,28).

Ich kann mich nicht daran erinnern, dass er je zu Judas, seinem Finanzchef, gesagt hätte: »Haben wir genug Geld, um den Hügel dort drüben zu kaufen? Es wäre ein schöner Ort, um eine messianische Bibliothek zu gründen, nachdem ich gestorben bin, so dass die Menschen sich an mich erinnern und an das, was ich für die Menschheit getan habe.«

Sein Leben war ausschließlich auf Menschen ausgerichtet. Er wusste besser als jeder andere, dass das einzige Gut, das in dem unsichtbaren Kampf auf dem Spiel stand – und das Einzige, das den ganzen Weg bis in die Ewigkeit schaffen würde – Menschen sind. Er war sich im Klaren, dass alles andere an der Grenze konfisziert wird.

Er lebte, um einen wichtigen Punkt zu betonen: *Nur Menschen zählen.*

Und er möchte, dass seine Nachfolger seine Leidenschaft teilen und Partner in seiner Mission werden. Wenn wir das tun, dann weiß er, wie sehr wir ihn lieben!

Verbinden wir also die Punkte. Erstens sollten wir uns daran erinnern, dass wir ganz bestimmt keine schlechten Aussichten haben. Menschen sind überall. Das Motto, das sich jeder Nachfolger Jesu auf sein Auto kleben sollte, lautet: »So viele Menschen, so wenig Zeit!«

Aber achten Sie darauf, dass das Ziel Ihrer Bemühungen nicht zu eng gefasst ist. Erinnern Sie sich stets daran, dass Gottes Sohn sich nach denen ausstreckte, die von allen anderen scheinbar verachtet, verurteilt und gehasst wurden. Er stand der Frau bei, die beim Ehebruch ertappt wurde, als einer ihrer Ankläger nach dem anderen verschwand. Er besuchte Feiern mit verhassten Zöllnern, Trinkern und stadtbekannten Huren. Er öffnete sein Herz, und die Türen des Himmels öffneten sich für den Verurteilten, der neben ihm am Kreuz starb.

Und nicht so viel später suchte er sich Saul von Tarsus aus, einen Erzfeind und Verfolger der Gemeinde, nahm ihn auf, und gab ihm einen Auftrag.

Jesus nahm einen Schlag nach dem anderen in Kauf, um für die Nöte und das Wohlergehen der Menschen zu sorgen, die die religiöse Elite für Unpersonen oder Schlimmeres hielten. Er schrieb niemanden ab – außer diese hochmütigen Religionsführer, die sich starrköpfig an ihre stolze und heuchlerische Gerechtigkeit klammerten. Jesus erstaunte immer wieder Freund und Feind gleichermaßen durch die Gesellschaft, in der er sich aufhielt. Wenn er den geringsten Funken in der Seele eines Menschen sah, die leichteste Neigung in Richtung auf Hunger nach Gott, dann zählte nichts anderes. Weder Rasse, noch Geschlecht, noch Status, noch Vorstrafenregister, noch öffentliche Ordnung, noch wiederholtes Versagen.

In vieler Hinsicht ist die Sorge für Menschen eine Berufung ohne Grenzen. Und es geht nicht darum, dass Sie keine Mühe scheuen und Ihre Prioritäten demontieren, um irgendeine abgelehnte Seele zu finden. Es bedeutet einfach, dass Ihr Herz offen bleibt für jeden, den Gott Ihnen vor die Füße führt. Und wenn dieser Mann oder diese Frau sich außerhalb des normalen Standards von Anstand und Moral befindet, dann weigern Sie sich, zurückzuschrecken. Stattdessen lassen Sie die Liebe Jesu absichtlich und entschlossen durch Ihr Leben fließen.

Sind Sie jetzt bereit, Ihre Welt für Jesus einzusetzen? Großartig. Aber warten Sie einen Moment. Es gibt ein paar einfache Regeln für dieses Engagement, die sie im Hinterkopf behalten sollten.

1. Sie können nicht jedem jederzeit helfen

Es ist wichtig, sich selbst und seine Grenzen zu kennen. Sogar bei Jesus blieben einige Menschen unversorgt und ungeheilt.

2. Setzen Sie Prioritäten
Für welche Menschen sind Sie direkt verantwortlich? Sie dürfen Sie nicht wegen der Bedürfnisse anderer Menschen vernachlässigen. Es gibt konzentrische Kreise der Fürsorge. In der Mitte steht Ihr Ehegatte (oder, wenn Sie alleine sind, könnte es ein enger Freund oder eine Freundin sein). Den nächsten Kreis bilden Ihre Kinder, dann kommt Ihre weitere Familie, danach Ihre Brüder und Schwestern in Christus, und dann andere, die Ihren Weg zum Beispiel im Arbeitsleben oder aber ganz gewöhnlich im Alltag kreuzen.

3. Gehen Sie weg, wenn Sie erschöpft sind
Sie können nicht mit leerem Tank dienen. Selbst Jesus ging weg, um für eine Weile zu ruhen. Wenn Ihr Tank »müde« anzeigt, dann sollten Sie eine Möglichkeit finden, sich zu erfrischen. Und dann können Sie mit neuer Entschlossenheit zum »Unternehmen Mensch« zurückkehren.

4. Seien Sie sich Ihrer Fähigkeit zur Hilfe bewusst
Erkennen Sie sich selbst! Einige von uns haben nicht die Fähigkeit, tiefer gehende Seelsorge zu üben, bei geistigen oder emotionalen Krankheiten zu helfen, finanziellen Rat zu geben oder bei ernsthaften Krankheiten Rat zu wissen. Es gibt im Leib Christi »Halter«, »Helfer« und »Heiler.« Manchmal können wir Menschen gerade so lange festhalten, bis wir jemanden finden, der ihnen helfen kann. Dann wieder können wir jemandem begrenzte Hilfe anbieten, bis wir ihn zu jemandem bringen können, der ihn heilen kann. Und manchmal haben wir die Gelegenheit, alle drei Dinge zu tun.

5. Erkennen Sie, dass es Menschen gibt, denen niemand helfen kann
Unglücklicherweise gibt es einige Menschen, die gelernt haben, dass sie nur dann Aufmerksamkeit bekommen und sich geliebt

fühlen, wenn sie ein Problem haben. Wenn das der Fall ist, können Sie ihnen nie helfen, weil ihr Problem ihr Schatz ist. Wenn Sie viel Zeit mit jemandem verbracht haben und es scheinbar keine Verbesserungen gibt oder keine Reaktion auf gesunden Rat, dann müssen Sie sich freundlich verabschieden und Ihre Zeit und Ihre Talente anderswo einsetzen.

In dem Kontext dieser Grenzen, was haben Sie als Ausrüstung in Ihrer Hand? Welche Ressourcen bringen Sie mit, um Menschen in ihrer Not zu begegnen? Wenn Sie sagen »Nicht viel«, dann lassen Sie sich von mir an den kleinen Jungen erinnern, dessen Mittagessen zu einer Erweckungsaktion wurde. Er hatte nur zwei Fische und fünf Brote. Und nebenbei gesagt waren dies wohl eher sowas wie kleine Kekse und gesalzene Trockenfische in Sardinengröße. Es war nicht viel. Aber, wie das Sprichwort sagt: »Wenig wird viel, wenn Gott dabei ist!« Geben Sie, was auch immer Sie an Talent haben, in Gottes Hände, und sehen Sie, wie es sich vermehrt.

Lassen Sie mich einige Mittel nennen, die jeder von uns in seinem Lunchpaket hat, um damit Not zu begegnen:

1. Gebet

Ich erwähne dies zuerst, weil ich davon ausgehe, dass es auf Ihrer Liste ganz unten steht – wenn es überhaupt auftaucht. Immer wieder fragen mich Leute: »Was kann ich tun, um zu helfen?« Und wenn mir nicht sofort etwas einfällt, dann sagen sie oft: »Dann werde ich nur beten.« *Nur* beten? Sie scherzen. Gebet ist die Macht, die Gottes Herz bewegt.

Jeden Sommer überfallen über dreitausend Christen ein ansonsten verschlafenes Dorf namens Keswick im Lake District in Großbritannien und verdoppeln damit die Einwohnerschaft. Sie kommen, um drei Wochen lang auf Englands ältestem Konferenzgelände anzubeten und das Wort zu studieren.

Letzten Sommer wurde ich gebeten, in der ersten Woche der

Keswick-Konferenz zu lehren. Ich hatte meinen ersten Termin am Sonntagmorgen, als ich in einer der Kirchen am Rand des Dorfes predigen sollte. Der Pastor hatte eine der Frauen der Gemeinde gebeten, zu kommen und ihr Zeugnis zu geben.

Sie berichtete der Versammlung, dass sie in einem kleinen Tante-Emma-Laden in Keswick arbeitet. Vor vielen Jahren kam während der Keswick-Wochen jeden Morgen eine Dame in den Laden zum Kaffeetrinken und freundete sich mit ihr an. Sie gab zu, dass an dieser Frau irgendetwas anders war, und schließlich am Ende dieser Woche bedauerte sie, dass ihre neue Freundin Winnie wieder nach Hause abreisen musste. Jedes Jahr erwartete sie, Winnie während der Konferenzzeit wiederzusehen, aber sie kam während der folgenden Jahre nie zurück.

Mehrere Jahre, nachdem sie Winnie kennengelernt hatte, wurde sie jedoch in ihrem Geist zu Jesus hingezogen, und zwar so stark, so unwiderstehlich, dass es in seiner Kraft fast körperlich spürbar war. Nachdem sie versucht hatte, dieses Ziehen abzutun, merkte sie, dass ihr dies nicht gelang, sondern der Drang nur noch stärker wurde, bis sie eines Tages in eine Kirche ging. Nachdem Sie sich mit dem Pastor getroffen hatte, nahm sie den Herrn Jesus als ihren Retter an.

Einige Jahre später kam eine Frau während der Konferenzzeit in den Laden und fragte sie, ob sie sich noch an Winnie von vor vielen Jahren erinnern könne. Ihr Gesicht leuchtete bei der Erwähnung der lange abwesenden Freundin auf und sie sagte, dass sie sich ganz sicher erinnere. Sie fügte hinzu, dass sie lange Zeit, nachdem sie Winnie kennengelernt hatte, Jesus Christus als ihren Herrn und Retter kennengelernt hatte! Die Dame freute sich sehr, und sagte, sie könne es gar nicht erwarten, Winnie davon zu berichten, *denn Winnie hatte jeden Tag ohne Ausnahme für ihre Errettung gebetet, seit sie viele Jahre zuvor von Keswick nach Hause gekommen war.*

Ich konnte kaum die Tränen zurückhalten, als ich dieses

Zeugnis hörte. Jeden Tag! Beten und beten für jemanden, den man viele Jahre zuvor kennengelernt hat, bis der Feind schließlich sagte: »Ich gebe auf, ich kann sie nicht gegen die Macht dieser ständigen Gebete festhalten.« Und der Weg war frei für Jesus, um ihr Herz anzurühren, dass sie zu ihm kam.

Um es noch alles abzurunden, sagte sie weiter: »Und ich bin so froh, dass Winnie heute morgen hier ist.« An diesem Punkt stand die kriegerisch-heldenhafte Winnie auf und alle applaudierten begeistert in dieser eigentlich typisch englisch-zurückhaltenden Gemeinde.

Als wir hinausgingen, sah ich die Frau mit Winnie den Weg entlanggehen und beeilte mich, die beiden einzuholen. Ich berichtete, welch eine Ermutigung dieses Zeugnis für mich gewesen war. Ich fügte hinzu, wenn es so viele Jahre gedauert habe, bis Winnies Gebet beantwortet wurde, dann müsse Satan doch das Leben dieser Kauffrau fest im Griff gehabt haben. Sie sah mich mit einem ernsten und beredten Blick an und sagte: »Ich kann ihnen gar nicht sagen, wie fest!«

Winnie ist ein Vorbild dafür, was es bedeutet, unerschrocken dem Ruf treu zu sein, Männer und Frauen zu retten. Sie hielt durch, über eine lange Zeit hinweg zu beten, ohne einen Hinweis darauf, was in der geistlichen Unterwelt vor sich ging. Der Geist verlieh ihrer unerschrockenen Hingabe an das Wohlergehen anderer Kraft, und die Schlacht wurde gewonnen.

Können Sie sich in diesem stillen Augenblick eine Person denken, die ihnen als Kandidat für Ihre erste Rettungsaktion vor Augen steht?

2. Ihre geistliche Gabe

Alle, die zu Jesus als Retter kommen, sind mit einer besonderen Gabe ausgestattet, die die Fähigkeit und die Kraft zum Dienst gibt. Diese Gabe soll benutzt werden, um andere Menschen zu segnen und ihnen zu helfen. Es gibt die Gabe *des Dienens, der*

Gastfreundschaft, der Barmherzigkeit, des Gebens, der Verwaltung, der Lehre, der Ermahnung, der Prophetie usw. Ihre Gabe ist Ihre Fähigkeit, um Christi willen im Leben von anderen Menschen eine konstruktive Rolle zu spielen. Aber das Finden und Erkennen der Gabe ist häufig eine Herausforderung. Jemand hat mir vor Jahren den weisen Rat gegeben, dass man seine Gabe erkennen kann, indem man feststellt, zu welcher Art von Aktivität man natürlich hingezogen wird, für die man die Energie hat, bei der man Frucht sieht und die andere bestätigen, wenn man sie ausübt. Der Weg, diese Gabe zu entdecken, ist, sich im »Unternehmen Mensch« zu engagieren, bis man erkennt, wo man am effektivsten ist. Versuchen Sie nicht, zu weit weg von Ihrer Hauptgabe zu dienen. Wenn man versucht, Dinge zu tun, zu denen man nicht ausgerüstet ist, dann kann dies verheerende Folgen haben.

3. Zeit und Aufmerksamkeit

Wir alle haben die Fähigkeit, diese beiden Güter regelmäßig zu verschenken. Der schmeichelhafteste Dienst, den ein Ehemann und Vater seiner Frau und seinen Kindern tun kann, ist es, ihnen seine Zeit und Aufmerksamkeit zu schenken.

Verwenden Sie einen Tag im Monat eine Aktion, die effektiv Menschen hilft und sie erreicht. Teilen Sie Suppe in einer Suppenküche aus. Streichen Sie das Wohnzimmer einer Witwe. Gehen Sie einem Behinderten zur Hand. In dieser Kategorie gibt es viele Gelegenheiten.

4. Geld

Viele von uns haben nicht die Begabung, die Berufung oder die Belastbarkeit, um Obdachlosen, Aidskranken, Behinderten und Waisen zu helfen. Aber das bedeutet nicht, dass wir keinen Anteil an ihrer Not nehmen können. Wählen Sie einen Dienst aus, der auf diese Menschen abzielt und ihnen aktiv dient und sie segnet. Werden Sie Gebetspartner und unterstützen Sie den Dienst regelmäßig mit Spenden. Schon lange unterteilen Martie und ich unsere Spenden in zwei Kategorien. Wir geben unserer Ortsgemeinde den Zehnten und dann haben wir noch unsere sogenannte »besondere Spendenkasse«. Diese Extrakasse gibt uns die Freiheit, einen bedeutenden Betrag unserer Mittel zu sparen, um andere zu segnen und ihnen zu helfen, so wie Bedarf besteht. Versuchen Sie es. Es bringt uns viel Freude.

5. *Gnade*

Gnade bedeutet Taten überfließender Freundlichkeit, auch dem äußerst unwürdigen Sünder gegenüber. Gnade vergibt, schenkt Raum und führt keine Strichliste. Wie kommt es, dass wir, die Gott so sehr mit Gnade beschenkt hat, so wenig bereit sind, seine Gnade an andere weiterzugeben? Das vielleicht hilfreichste, das Sie heute tun können, ist, jemandem die Liebe zu geben, die er nicht verdient hat.

6. *Ermutigung*

Manchmal ist es wirklich einfach und überhaupt nicht schwer. Ein Wort des Trostes und der Hoffnung. Ein Anruf. Eine Karte. Ein Bibelwort. Eine wortlose Umarmung. Ein offenes Ohr. Ein verständnisvolles Herz.

Können Sie sich in diesem stillen Augenblick jemanden denken, der als Kandidat für Ihre erste Rettungsaktion in Frage kommt? Es gibt überall in unserem Leben Menschen, die den Herrn brauchen – und ihn nur durch uns finden werden. Es gibt Menschen, denen man vergeben muss, damit sie eine Zukunft bekommen, statt in der Vergangenheit gefangen zu bleiben. Es gibt Menschen, um die man sich in Jesu Namen kümmern muss, so wie er sich um uns kümmert. Es gibt Menschen, die man bei der Hand nehmen muss, die man von finsteren Suchtpfaden in die Freiheit des Wandels in seinem Licht führen muss. Es gibt

Menschen, die gestärkt und ermutigt werden müssen. Es gibt Menschen, die beschützt werden müssen, die in die Gemeinschaft ihrer Familie und Freunde zurückgeführt werden müssen, und denen man das Gefühl von Ganzheit und Wert vermitteln muss. Zweifeln Sie nie daran: Diese Arten von Leuten sind jeden Tag um uns herum.

Wie nahe sind sie uns? So nahe wie Ihr bester christlicher Freund oder Ihre beste christliche Freundin. So nahe wie Ihr eigener Ehepartner.

Eine der für mich bewegendsten Szenen im Film *Die Rückkehr des Königs*, dem letzten Teil der epischen Trilogie *Herr der Ringe* war, als Frodo genau an den Abhängen des Schicksalsberges zusammenbrach. So nahe dem Ende einer langen, langen Reise, das Ziel schon vor Augen, konnte der Ringträger nicht weiter gehen. Der Sieg war so nahe in der großen Schlacht zwischen Gut und Böse, und die Mächte des Bösen waren dabei, zu gewinnen. Frodos treuer Kamerad Sam bat seinen Freund, aufzustehen und weiter zu gehen – die Aufgabe zu beenden, ehe es zu spät war. Als der andere Hobbit sich nicht mehr rühren wollte oder konnte, sagte Sam, der selbst unaussprechlich erschöpft war: »Herr Frodo, ich kann es nicht für dich tun, aber ich kann dich tragen und dich dorthin bringen.«

Schwer ringend hob Sam Frodo auf und brachte ihn in das Herz des Schicksalsberges, wo der Sieg schließlich errungen wurde.

Von Zeit zu Zeit hat jeder von uns einen Sam nötig. Wir brauchen jemanden, der uns an der Grenze zum Versagen rettet, der uns angesichts der drohenden Niederlage und Entmutigung Mut und Zuversicht zuspricht.

Als Martie und ich *Die Rückkehr des Königs* sahen, ging ich durch eine besonders herausfordernde Zeit und fand mich oft von verwirrenden, entmutigenden Gedanken und Gefühlen geplagt. Weil Menschen seltsamerweise meinen, dass Leute in meinem Beruf nicht mit Entmutigung zu kämpfen haben, fühle ich mich oft in solchen Zeiten sehr einsam. Wenn ich niedergeschlagen bin, meine ich, dass ich mehr Kritiker als Befürworter habe, und ich merke, dass mein Geist sich danach sehnt, dass jemand, der mich unterstützt, meine Fahne hochhält und schwenkt. (Ich weiß, dass Jesus auf meiner Seite ist, aber es gibt Zeiten, in denen man es nötig hat, dass er seine Liebe und Fürsorge in der Form eines Mitgläubigen leibhaftig werden lässt.) Vielleicht aus diesem Grund konnte ich mich so schnell mit Sams liebevoller Bereitschaft identifizieren, den von der Schlacht erschöpften Frodo zu tragen.

So verzweifelt wünschte ich mir einen Sam!

Ich hatte gerade am Tag zuvor Martie etwas von meinem inneren Kampf mitgeteilt, und ihre Meinung war sehr hilfreich gewesen. Als ich aus dem Kino kam, sagte ich: »Ich glaube, ich brauche einen Sam.«

Sie packte meinen Arm und zog mich zu sich. Voller Freude in ihren Augen und ihrer Stimme sagte sie: »*Ich* bin dein Sam!«

Ich werde nie die tiefe Bedeutung vergessen, die ihre Worte und die Liebe in ihren Augen für mein Herz hatten. Die Frau, die mich besser als irgendwer sonst kennt und liebt, hatte sich gerade selbst neu zu der Aufgabe bekannt, mich aufzuheben und mich für die Reise zu stärken. Allein das zu wissen, war ein Balsam für meine Seele. Ich war nicht allein!

Denken Sie an das, was Gott zu Israel gesagt hat: *»Der HERR, dein Gott, hat dich getragen, wie ein Mann seinen Sohn trägt, auf dem ganzen Weg, den ihr gezogen seid, bis ihr an diesen Ort kamt ... Auch bis in euer Greisenalter ... werde ich selbst euch tragen ... und werde erretten«* (5Mo 1,31; Jes 46,4).

Eigentlich ist unsere Berufung, uns auf erlösende Weise in das Leben von Menschen einzumischen, nichts anderes als das hohe Vorrecht, anderen das zu werden, was Gott uns geworden ist – was er ihnen wäre, wenn er leiblich hier auf der Erde anwesend wäre.

Während Sie die Worte auf dieser Seite lesen, führen alle

möglichen Leute alle möglichen Schlachten mit dem Feind ihrer Seelen. Und sie warten auf die übernatürliche Rettung, die Jesus ihnen durch uns anbieten will.

Haben Sie sich je gefragt, warum Sie mit so vielen seltsamen und lästigen Menschen in Ihrem Leben geschlagen sind? Gott hat Sie vielleicht als seinen Kämpfer an eine Front gestellt, wo ein Durchbruch göttlicher Liebe alles verändern könnte. Wenn Sie dieser Liebe erlauben, durch Sie zu retten und zu lieben und durch Sie andere zu hegen und pflegen, kann es sein, dass Sie sich bei der Teilnahme an einem höchst dramatischen Sieg über die Unterwelt wiederfinden. Sie sind der heldenhafte Kämpfer!

Zucken Sie nicht zusammen bei dieser Bezeichnung. Hier steht eine Menge auf dem Spiel. Und ich bin dankbar, dass Sie das nicht allein tun müssen. *Alles, was Sie zu tun haben, ist, der Berufung treu zu bleiben, für die Hege und Pflege von Menschen zu leben.* Sein Teil ist es, durch den Geist Gottes Ihrem Gehorsam die Kraft zum Sieg zu verleihen. Willkommen zurück in der Welt der Menschen!

Jesus und Sie ... gehen auf ein Ziel zu

Wenn Sie mir auch nur irgendwie ähnlich sind, dann haben Sie eine Menge Bücher angefangen zu lesen, die Sie nie ausgelesen haben. Deshalb (es sei denn, Sie gehören zu den Menschen, die das letzte Kapitel zuerst lesen) danke, dass Sie es bis ans Ende von diesem Buch geschafft haben.

Ich habe schon davon gehört, dass Autoren davon reden, dass sie für ihre Leser beten, und ich habe diese Aussagen nie so ganz wörtlich genommen. War es einfach nur nettes Gerede, eine freundliche Bemerkung, oder meinte der Autor es ernst?

Ich meine es so.

Ich bete insbesondere und leidenschaftlich dafür, dass der Inhalt dieses Buches die tiefsten Tiefen Ihres inneren Wesens erreicht und Ihnen hilft, sich neu auf das zu konzentrieren, was wirklich im Leben zählt.

Und was ist das?

Sie wissen schon, was ich sagen werde.

Was wirklich zählt, ist Jesus, und Ihre Liebe zu ihm, die sich in liebevollem Handeln denen gegenüber ausdrückt, die Ihr Leben kreuzen.

Jesus nachzufolgen bringt uns an Orte, an die zu kommen wir nie gedacht hätten, und zu dem Vergnügen, ihn auf eine Art zu erfahren, die uns voll und endgültig erfüllt.

Deshalb bete ich noch einmal, und zwar wirklich, für Sie, mein Leser. Ich bitte Gott (und er weiß, wer Sie sind), dass die Zeit, die Sie mit den Seiten dieses Buches verbracht haben, Sie motivieren möge, aus dem Spiegelkabinett, in dem sich alles nur um Sie dreht – herauszukommen und in die frische Luft einer neuen Jahreszeit in Ihrem Leben einzutreten.

Es ist zwar wichtig, ganz eng und persönlich mit Jesus zu leben, doch müssen wir uns daran erinnern, dass Nähe zu ihm mehr bedeutet, als mit ihm auf der Veranda zu sitzen und zu sehen, wie die Sonne untergeht und ein kühler Abendwind weht.

Jesus hat ein Ziel ... und das liegt mitten im Leben der Menschen. Und er zählt dabei auf Sie, dass Sie zu seinen Händen und zu seiner heilenden Berührung im Leben dieser Menschen werden.

Normalerweise bedeutet, Jesus zu lieben, dass Sie einer Not im Leben eines Menschen nach der anderen begegnen. Aber bleiben Sie nicht dabei stehen. Lieben Sie diesen Jesus, den Sie gerne erfahren möchten, indem Sie heute jemandem Liebe erweisen.

BUCHEMPFEHLUNGEN

Erwin W. Lutzer
Seine schwerste Stunde
Einblicke in das Herz Jesu am Kreuz
Geb., 160 Seiten

Vor dem Kreuz, an dem unser Erlöser starb, kann man nur mit geneigtem Kopf und zerbrochenem Geist stehen. Gottes eigene Wesenszüge sehen wir dort in ihrer überwältigenden Größe und Klarheit zur Schau gestellt. Wenn wir genau hinsehen, entdecken wir dort sogar uns selbst.

In seiner bewegenden und tiefgehenden Studie über das zentrale Ereignis christlichen Glaubens fordert Erwin Lutzer uns heraus, das Kreuz nicht nur als Zeichen unserer Erlösung zu begreifen, sondern auch als unseren eigenen Lebensstil anzunehmen.

Best.-Nr. 273.469
EUR (D) 12,90 EUR (A) 13,30 SFR 23,40
ISBN: 978-3-89436-469-4

auch als **Hörbuch** erhältlich:
Best.-Nr. 273.526
EUR (D) 9,90 EUR (A) 10,60 SFR 19,95
ISBN 978-3-89436-526-4

Christliche Verlagsgesellschaft mbH
Kompetent. Profiliert. Engagiert.

Buchempfehlungen

John Witmer

Immanuel, wahrer Mensch und wahrer Gott

Eine umfassende Darstellung der Person Jesu

Geb., 272 Seiten

John Witmer beschreibt in seinem Buch vier Phasen der Existenz des allmächtigen Sohnes Gottes:

Der Sohn, bevor er Mensch wurde; der Sohn des Menschen, der auf der Erde litt; der verherrlichte und zum Himmel aufgefahrene Christus; und schließlich die ewige Herrschaft des Königs.

Best.-Nr. 273.494

EUR (D) 15,90 EUR (A) 16,40 SFR 29,30

ISBN 978-3-89436-494-6

Christliche Verlagsgesellschaft mbH

Kompetent. Profiliert. Engagiert.